JN106674

実務家ブランド論

片山義丈
Yoshitake Katayama

Branding

宣伝会議

はじめに

ブランド論の教科書通りにやってみても、
ブランドはつくれません！

　今、世の中には「ブランド」という言葉があふれています。「ブランド」についての情報もたくさんあります。

「ブランドとは、差別化である」「ブランドとは、約束である」「ブランドとは、経営そのものである」「ブランドは企業の資産である」「ブランドとは、自社の製品やサービスを顧客に想起させる重要な要素である」「ブランドは、人・モノ・金・情報に次ぐ第五の経営資源である」等々、デービッド・A・アーカー、フィリップ・コトラーなど、さまざまな学者だけでなく、マーケターもそれぞれの説を唱えています。

　私は、この本を手にしてくださったあなたに、最初に言っておきます。

　もし、あなたが「ブランドは差別化である」とか、「ブランドは約束である」といった言説を信じているのだとすれば、絶対にブランドはつくれません。まして「ブランドは第五の経営資源」などと言い出したら末期症状。社内で「ブランドかぶれの頭でっかち」と言われてしまいます。

　世の中にある「ブランド論の本」「ブランドの教科書」を無邪気に信じて、そこに書かれていることをそのままやってみても、現実にはブランドはつくれないのです。

では、どうしたらブランドをつくれるようになるのでしょうか。

　この本では、「ブランドとは実務家にとって、そもそも何なのか」をまず明らかにし、「ブランドをつくる現実的な方法」を、「難しい言葉をできるだけ使わず」に説明していきます。
　どんな企業、どのような商品でも、きちんとブランドをつくることができること。これこそが、私がこの本で目指していることです。

　今の時代、企業にとってブランドが重要であることは、周知の事実です。「ブランドは企業における第五の経営資源」であり、「ブランドをつくることが商品の魅力を上げる」という話がビジネスの現場では当たり前になりつつあります。
　しかしながら、「第五の経営資源だから！」と意気込んで取り組むブランド戦略で多いのは、企業のロゴマークを変えることや、新しい企業スローガンをつくること。かっこよくなった見慣れないロゴと「人と地球が大好きで未来にチャレンジする」といった美辞麗句が並んだ新しいスローガンができあがるだけで、第五の経営資源といえるような価値は生まれていません。あるいは、「商品のブランド力を高める！」と言いながら、結果的には「ブランド広告」という名の、商品を売ることにまったく貢献しない、かっこいいだけのイメージ広告をつくって終わりになってしまう。

これらの**間違ったブランドづくりの取り組みが、世の中には
あふれています。**

　私はダイキン工業（世界ナンバーワンのエアコンのメーカー
です）で33年間、ブランドにかかわる仕事をしています。企
業ブランドの構築を中心に、ルームエアコンの新ブランドであ
る「うるるとさらら」の導入、ゆるキャラの「ぴちょんくん」
の誕生にも携わってきました。自分で言うのも何なのですが、
まじめな一面もあり、よりよいブランドをつくりたいと100冊
以上のブランド論の本を読み、さまざまなブランド戦略を論じ
るセミナーにも参加してきました。

　にもかかわらず、そこで得た知識やノウハウのほとんどが、
実際のブランドづくりではなかなか周囲から理解されません。
ブランド論の本に書かれている方法論を展開しようにも、うま
く進みませんでした。正しいことをやっているはずなのに、な
ぜなのか…？自分の能力が足りないからなのか、自分の会社が
特別なのだろうか……とずっと悩み続けてきましたが、他社の
ブランド実務家に話を聞くと、みんなが私と同じことで悩んで
いる。

　先ほど、「これらの間違ったブランドづくりの取り組みが、
世の中にはあふれています」などと上から目線で偉そうに書き
ました。恥ずかしながら、かつての私はこれらの間違ったブラ
ンドづくりが正しいと信じていたので、長きにわたり無邪気に

やり続けていました。美辞麗句が並んだ何となくかっこいいだけの新しい企業スローガンをつくろうとしたり、「ブランド広告」だからといって商品を売ることにまったく貢献しない、見栄えのいいイメージ広告をつくったり、最新のデジタル技術を活用した使い勝手の悪いＷＥＢサイトを立ち上げたり等々、長年にわたってしくじり続けてきたのです。だから本当に何をやっても、ブランドづくりがうまくいきませんでした。周囲から「ブランドかぶれの頭でっかち」と言われたのは、何を隠そう、かつての私のことなのです。もうブランド担当をやめたいと思う日々が長く続いていました。

　世の中にある「ブランド論の教科書」に書かれている本当の意味や、ブランドをつくる実務家としての方法論がわかったのは、今から５年前です。実に28年もかかってしまいました。貴重な人生の多くの年月を無駄にしてしまったことになります。もっと早く世の中のブランド論の本当の意味がわかっていたらと、残念でなりません。
　そこで今ブランドで困っている方や、これからブランドにかかわる方々から、私がかつて抱えていた悩みがなくなるように、自分自身の経験をふまえた「実務家に向けたブランド論」をまとめることにしました。

　この本では、「世の中にあふれるさまざまなブランド論」や「ブランドの教科書」をひとまとめに**「教科書ブランド論」**と定義します。そして私が実際に現場で悪戦苦闘し、33年かかっ

てやっとわかったブランド論を「**実務家ブランド論**」と名づけました。

実務家ブランド論によって、私のような失敗や無駄な回り道をせずに皆さんのブランドづくりが進むことになれば、こんなにうれしいことはありません。

日本に「スーパースターブランド」は存在しない

Apple、NIKE、スターバックス等、グローバルには誰もが認める本当に「素晴らしいブランド」が存在します。人間でいえばスーパースターともいえるブランドです。

では「日本におけるスーパースターブランドは何ですか?」「あなたの会社・商品・サービスは『素晴らしいブランド』だと思いますか?」と聞かれたらどうでしょうか?

日本には、素晴らしい会社や商品・サービスは数多くありますが、残念ながら Apple のように誰もが認めるスーパースターブランドはありません。ご自身の会社・商品のことを振り返っても、「自分のかかわっている企業・商品は、そこそこのレベルのブランド」という方が大半ではないでしょうか?

著名な学者の方々、世界的なブランドコンサルティング企業、マーケティングが上手な企業の中で「素晴らしいブランド」をつくり、育ててきた優秀なマーケターの方々が書かれたブランド論やブランド構築の方法論の本が日本でも多数出版されてい

ます。ブランドづくりの教科書、ここでは「教科書ブランド論」
と呼ぶものです。そして、みんながこれを読んで懸命にブラン
ドをつくろうとします。

　それなのに日本には、スーパースターブランドは存在しない
のです。やっぱり何かがおかしい、どこかで何かを絶対に間違
えているはずです。

教科書通りでなくてもブランド価値が高い企業

　ブランディング専門会社であるインターブランドは、グロー
バルのブランド価値評価ランキング「Best Global Brands」を
発表していることで知られています。グローバルに事業展開を
行うブランドを対象に、その価値を金額に換算してランキング
化するもので、ブランド業界では誰もが知るランキングです。

　この評価手法をもとに、インターブランドジャパンが発表し
ている日本企業を対象とした「Best Japan Brands 2021」でダ
イキン工業は26位です。エアコンでは競合となる日立製作所
が33位、三菱電機が61位なので、ダイキンが上位にいること
に驚きますよね。でも世界最大のブランディング専門会社が認
めてくれているのですから、日本企業の中で、ダイキンは優れ
たブランドと言ってもよいはずです。そのような優れたダイキ
ンブランドですが、教科書ブランド論では必ず定めないといけ
ないとされている「ブランドアイデンティティ」や「ブランド
プロミス」はありません。同様に「ブランドロゴマーク管理」
も、グローバルではまだまだ課題だらけです。

ブランド論の教科書に載っている方法論通りには、全然でき
ていません。それなのに、教科書ブランド論をお手本にブラン
ド構築されている企業よりも価値が上位なのです。

　ダイキンがこのようなブランド価値を持つことができたの
は、優れた経営者のもと、よい製品をつくり、強い営業力・
サービス力があるからに他なりません。ブランド論に載ってい
るブランド構築の方法論を実践してきた私がブランドの価値向
上に貢献できた部分は、まだまだほんのわずかです。逆に、ブ
ランド論では語られることの少ない、別の要素によるブランド
価値向上の効果がいかに大きいかがわかります。

　水の上を歩く方法は、「右足が沈む前に左足を前に出して、
左足が沈む前にまた右足を前に出すのを繰り返す」ことです。
これは方法論としては正しい。ただ実現するためには、1秒間
に4回以上足を動かさないといけないらしく、もちろん人間に
はできません。

　私は世の中の一般的なブランドの本、つまり教科書ブランド
論にも同じようなところがあるのではないかと思っています。
これらのブランド論や構築の方法論は正しい。しかしながら、
日本企業にこの方法論をそのまま持ってきても、絶対に実行で
きない。実行できないのだとすると、極論すればこのやり方で
は、ブランドはつくれないということになります。

教科書ブランド論は、ブランドの力を信じる人々の特殊な世界で生まれたものです。机上の空論といえるこの教科書ブランド論を、現実の社会でそのまま素直に展開しようとしてもうまくいきません。ブランドづくりのためには、教科書ブランド論の翻訳が必要なのです。

ブランド＝差別化？"牛の呪い"から解放されよう

　ブランドとは、差別化されていないといけない。
　これは大きな間違いです。
「ブランド（brand）」の語源は、家畜などに押した「焼き印（burn）」であることはよく知られています。昔、農家では自分の牛を、他の牛と識別するために熱く焼いた鉄印を押しました。転じてブランドは、「他者との差別化」を象徴する言葉になったといわれています。このことは大概の教科書ブランド論の冒頭に書いてあります。ですが、このことが大きな弊害を生んでいることに気づいている人は少ないのではないでしょうか。

　というのも、教科書ブランド論を読んだ結果として「ブランド＝差別化」と頭の中に刻み込まれてしまいます。私はこれを『牛の呪い』と呼んでいます。はるか昔に押された熱い鉄印の苦痛、その呪いから解き放たれたとき、あなたは初めてブランドをつくることができます。

　しかも、ブランド論の第一人者である中央大学ビジネススクール　田中洋教授によると、教科書に当たり前のように書

かれている語源はそもそも正確ではないとのこと。もともと burn（燃える）という意味での brand という言葉は存在しており、それがのちに一方では「焼き印」となり、一方では「商標としてのブランド」になったという解釈が正しいそうです。焼き印はそもそも語源としてふさわしくありません。

　ブランドは差別化と信じ、ブランドは第五の経営資源などという間違った理解で、28年間上手にブランドをつくることができなかった私は5年前に、あることをきっかけにその呪いから解放されました。それから教科書ブランド論を現実社会の言葉に翻訳することが少しずつできるようになり、それにともなって正しいブランドのつくり方で、急速にブランド構築に貢献できるようになってきたと勝手に考えています。

　ここからは、「教科書ブランド論」を「日本企業の実務家の視点」で翻訳した、現実社会でそのまま使える「実務家ブランド論」を説明していきます。

　教科書ブランド論を翻訳なしで読み解ける専門家の方々からすると、本書は幼稚くさく、正確でないところがあることはわかっております。この本では厳密であることより、わかりやすさを一番大切にしたいので、なにとぞお許しくださいませ。

CONTENTS

● 第二章 ———————————————————————89

実務家ブランド論における
「ブランドの土台」とは

● 第三章 ─────────────────────── 137

実務家ブランド論の
ブランドづくりの方法

田中 洋 教授 × 片山義丈
平凡な企業にとってのブランドは「妄想」という想像力から生まれる

ブランド論の「ブランド」の定義は、本当にあいまいなのか⁉／「ブランド」の定義は、認知システム／ブランドは妄想であり、イマジネーションでもある／日本企業がブランドづくりを苦手な理由

イラスト：片山由貴
装丁：トサカデザイン（戸倉 巌、小酒保子）
DTP：システムタンク（白石知美、安田浩也）

第一章

教科書ブランド論で
ブランドはつくれない理由

あなたは、ブランドの「定義」を
答えられますか？

　実務家ブランド論の説明を始める前に、まず質問です。

　ブランドとは、そもそも何ですか？
　簡単でも、難しくてもかまわないので説明してください。
　つまり、自分の言葉でブランドを定義してください。

　おそらく、大多数の人は、すぐには説明できないと思います。いろいろ考えて、「ブランドとは、○○○○………」と、くどくどと説明をはじめる。
　もちろん、すぐに説明できる方もいるにはいますが、おそらく100人いたら100通りのブランドの定義が語られることになるでしょう。

　ブランドがつくれない最大の理由はここにあります。

　つまりは、「ブランドの定義がない！」のです。

あなたはブランドをつくる当事者です。

それなのに、あなたは「教科書ブランド論に書いてある賢そうな言葉や難しそうな単語を、なんとなく理解したつもり」になっています。わかっているつもりですが、本当は、ふわっとしていて「ブランドとは何か？」がよくわかっていない状態であることに気づいていません。だから「ブランド」をつくることが、突きつめて言い換えると「よくわからない何か」をつくることになっているのです。

よくわからないものを、つくることなどできるはずがありません。

「いや、私は説明できるし、定義できている」という方も、もちろんいらっしゃいます。この場合、教科書ブランド論によく書かれている「差別化」や「(顧客との) 約束」を定義と考える方が多いようです。

ある人のブランドの定義は A（約束）。
別の人のブランドの定義は B（差別化）。

とすると、このふたりがチームで「ブランド」をつくる場合には、A（約束）をつくるのか、B（差別化）をつくるのか。目指すゴールが異なってしまうことになります。

そもそもブランドづくりは、ひとりではできません。いろいろな関係者の協力が必要です。自分では定義したものの、**あな**

たの定義がチーム内のすべてのメンバーで共有できていなかったり、定義は共有しているけれどメンバーが定義した中身の意味することがよくわかっていない状況では、ブランドなどつくれるはずがありません。

　大事なことなので繰り返します。
　ブランドづくりの最大の問題は、ブランドなるものの定義がなかったり、あってもあいまいであるために、人によって受け取り方や理解が違ってしまうところにあるのです。

　日本人に「寿司」といえば、どのようなものであるのかはすぐに頭に浮かびます。ですから、「寿司」について話をしているときにお互いの話がかみ合わないことは起こりえません。しかし、「ブランド」は違います。「ブランド」の議論をすると、お互いに話がまったくかみ合わないことが圧倒的に多い。きちんとかみ合っていることは、ほとんどないのが現実なのです。

　定義があいまいになっているのには、もちろんちゃんとした理由があります。理由がわかれば、はっきりした定義がつくりやすくなりますから、まずは「ブランド」なるものの定義があいまいになるという理由から、教科書ブランド論の翻訳を始めたいと思います。

ブランドの定義があいまいになる理由

【理由①】ブランドという言葉の乱用

　ひとつ目の理由は、ブランドという言葉が乱用されてしまっていることです。

　今、世の中には「ブランド」という言葉があふれています。なんでもかんでもブランドという言葉を使っています。
　世の中で使われている「ブランド」という言葉のほとんどが、実際は単なる「企業・商品・サービス」という単語の代わりに使われているものです。
「私たちのブランドの今後を検討しましょう」という話を、よくよく聞いてみると、「私たちの商品の今後を検討しましょう」という意味であることが本当に多いのです。なんとなくかっこよく言うために、ブランドという言葉を使ってしまう。

　乱用がどんどん広がって、広告宣伝やマーケティング関係の講演会では、最近は参加者を「ブランド」と「パートナー」の2つに分けるようになりました。その意味するところは、「お金を払う側（広告主：ブランド）」と「お金を受け取る側（受注先：パートナー）」です。実際に30年前は「ブランド」と呼ばず、「広告主」と言っていました。講演会において私はいつもブランドという立場ですから、広告主より賢そうなイメージがある、この区分は個人的には大好きです。でもブランド実務家の立場としては、本来の定義からはずれた使い方なので、

本当は使ってほしくない事例になります。

　これらの例は、ほんのごくごく一部です。単に企業・商品・広告主のことを指すときも「ブランド」という言葉を使うから、わけがわからなくなる。このことによって、ブランドという言葉が、ますますわけがわからなくても許される存在となり、多くの人があいまいであることに気づかなくなっています（この乱用については、後であらためて述べます）。

【理由②】　正確なブランドの定義は難解

　2つ目の理由は、**正確なブランドの定義が難しすぎること**です。

　ブランドの本を読めば必ず出てくるのが、そもそものブランドの起源（焼き印＝差別化）とアメリカ・マーケティング協会（AMA）の定義です。AMAのブランドの定義は「個別の売り手もしくは売り手集団の商品やサービスを識別させ、競合他社の商品やサービスから差別化するための名称、言葉、記号、シンボル、デザイン、あるいはそれらを組み合わせたもの」です。

　私、恥ずかしいですが告白します。
　いまだに、どういう意味なのかさっぱりわかりません。
　33年、ブランド実務を担当している人間がわからない定義なのです。

このように、おそらく正確と思われる定義はありますが、これをそのまま使っても実務家のブランド定義のあいまいさは、まったく解決しません。

【理由③】 ブランドの世界は、無意識の省略が当たり前

　３つ目の理由は、省略に気づかないことです。

　ブランドの力を信じる特殊な人たちの世界の中は、さらにいろいろな業界、国に相当するものに分かれています。そのため、各業界内、国内では当たり前のこととして、ブランドという単語に本来つけておいてほしい言葉を省略して使っています。現実の世界に住む実務家には、その省略が見えないのです。

　省略が見えないまま「ブランド」という言葉のみが残り、異なることを指しているのに、同じ意味のブランドの話だと思ってしまっています。

　たとえば

（コーポレート）ブランド

　ブランド（シンボルマーク）

　ブランド（プロミス）

　ブランド（エクイティ）

　ブランド（コミュニケーション）などいろいろあります。

　つまり（　）の部分を省略して使うことが当たり前になっています。しかも使っている本人は、省略しているつもりもありません。（　）の部分が同じ業界の人同士では、お互いに話が成立するからです。しかしながら（　）の部分が違う人たちで

は話が成立しません。ブランドを「ブランド（プロミス）」の意味で使っている人に、「ブランド（シンボルマーク）の保護がこれから求められている」と言っても、「プロミスを保護するって何のこと？」となってしまう。そして、悲しいことにお互いになぜ話がかみ合っていないのかが、わかりません。「ブランドの力を信じる特殊な世界に住んでいる人」たち同士ですら話が通じないのですから、「現実の世界に住んでいる人」にとって「ブランド」という言葉があいまいになるのは当然です。

ブランドに本来つけておくべき言葉が省略されていることを常に意識して、それを補って使わないと、ブランドのあいまいさはなくなりません。

あいまいでない、わかりやすい定義は間違っている

定義はしているがチームで共有できていないから、あいまいというのであれば、その定義をチームで共有すれば問題は解決するはずです。

でも残念ながら、そううまくはいきません。定義そのものに問題があるからです。

そもそもブランドの定義はマーケターの数だけ解釈があると言われており、ひとつにまとめるのは難しい。その難しいこと

を、わかりやすい言葉に置き換える必要があります。

　手元にある教科書ブランド論でわかりやすい定義を探してみました。「旗印」「シード権」等々、いろいろとありますが、やはり多く使われているのは「差別化」「約束」でした。

　ブランドづくりの現場で実務家の定義としてよく使われているのは、この「差別化」「約束」です。しかしながらこの定義は、実務界とはまったく異なる「ブランド大好き業界」の定義であることを忘れてはいけません。

　実務家にとっては、「差別化」「約束」という定義は間違っています。

　そして間違った定義を使うから、ブランドはつくれないのです。

わかりやすい定義はなぜ間違っているのか

「差別化」や「約束」など、よく使われていて一見わかりやすそうに見えるこれらの定義が間違っているなどと偉そうなことを言いました。ではなぜ間違っているのか、結論からお話しします。

それは（究極の、稀有な、超優秀な＝専門家が認める本物の）ブランドにおける定義だからです。

最初に紹介したAppleのような「スーパーブランド」だけにあてはまる定義です。

ブランドにおいては、言葉の省略に注意することが大切と書きました。わかりやすいブランドの定義においても、前提となる言葉が省略されていることが多いのです。もちろん専門家の方に悪気はないと思いますが、それが実務家を誤った方向へと導いてしまっています。

省略せずに言うとこうなります。

教科書ブランド論のわかりやすいブランドの定義である「約束」「差別化」は

（超優秀・スーパースター）ブランドの定義としては正しいが、（ほとんどの）ブランドの定義としては間違っている、です。

　わかりにくいと思いますので、ブランドではなく、人間を例にして補足説明します。

　以下は、「人間について」を説明しているＡ・Ｂ・Ｃです。

　Ａ：人間は、死ぬ。
　Ｂ：人間は、自転車に乗ることができる。
　Ｃ：人間は、宇宙飛行士になれる。

　どうでしょう？すべて「人間についての説明」として正しい、間違いではない。だだ、正確に表現すると、Ａ・Ｂ・Ｃには省略があります。

　省略した言葉を補ってみます。
　Ａ：（すべての）人間は、死ぬ。
　Ｂ：（ほとんどの）人間は、自転車に乗ることができる。
　Ｃ：（素晴らしい才能に恵まれた）人間は、宇宙飛行士になれる。
　となります。

　別の例です。

A：（100%）人間は、食料を必要とする。
B：（ほとんどの）人間は、日々生活するだけのお金を稼いでいる。
C：（本当にごくわずかな）人間は、年収が100億円以上ある。

　こちらも、「人間についての説明」として何も間違いではありません。ただ省略して説明すると、人間は年収が100億円以上ある、となります。

　この説明は、正しいと思いますか？
　そんなことありえないよ！と思いますよね。

　このように省略していることに気づかなければ、正しくない結論が導き出されてしまうことになります。
　私はもちろん、こんな収入はないですし、そんな収入の人は周りにもいません。でも世界のお金持ちには、100億円以上の収入がある人は絶対にいます。ただ、省略していることがわからない場合、「人間」の説明としては間違っているのです。

　専門家や学者は暗黙の前提として（超優秀な・スーパースター）ブランドを定義しているのですが、実務家はその前提に気づかないままに使ってしまっています。

　現実世界の常識では、省略せずに説明するならば、本来は

A（100%）にあてはまるべきですし、せいぜい許されるのはB（ほとんど）です。

　にもかかわらず、教科書ブランド論ではC（極めてまれな特殊な場合）を定義として使っています。まさかCの定義とは夢にも思わない実務家が、ここで間違った定義を信じてしまうのも仕方のないことです。

　究極のブランド、スーパースターブランドのみにあてはまる定義が、差別化・約束です。

　だからブランドの定義としてCを使うのは大間違い。では、（ほとんどの）ブランドの定義とは何なのでしょうか？

　でも、その説明の前に、どうしてもお伝えしないといけない、あなたにとっては悲しい現実があります。

あなたのブランドは、永遠にスーパースターブランドにはなれません！

（スーパースターの）ブランドの定義が間違っている絶対的な理由を説明するためには、あなたに悲しい現実をわかってもらう必要があります。

　そもそも世の中にあふれるブランドに関する情報は、（究極の、稀有な、超優秀な＝専門家が認める本物の）ブランドのものです。Apple、NIKE、スターバックス等の情報から学んでしまう。そして当然のことながら、**これをお手本にブランドをつくろうとすると、無意識のうちにスーパースターブランドを**

目指してしまいます。

　でも、それは無理なことなのです。どんなに頑張ったところで、あなたの育てようとしているかわいい子供たち（企業・商品・サービス）は絶対にスーパースターにはなれません。なぜならそのためには、恐ろしいほどの才能が必要だからです。

　Appleやスターバックスは生まれながらにして独自性があり、差別化されています。言い換えると、世の中にない独自性と差別化された商品・サービスを提供するために企業が生まれ、世の中に圧倒的に支持され愛されたことで、今やスーパースターブランドとして存在している。

　人間で言えば、マイケル・ジャクソンや安室奈美恵のように、才能にあふれるだけでなく、神様にも愛された、めったに生まれない大スーパースターです。

　もちろん、あなたの企業・商品・サービスは、そこそこ優れているはずです。そうでなければ、厳しい競争社会の中で、なくならずに存在し続けることなどできないのですから。でも無念ですが、スーパースターほどの独自性や差別化を持っていません。人でいえば、凡人、平均的な才能であり、どう頑張ってもスーパースターブランドにはなれません。

教科書ブランド論は、
スーパースターブランドが前提の方法論

　もちろん凡人であっても、スーパースターになれる方法論が

あればよいのです。でも残念ながら、世の中にある教科書ブランド論に取り上げられているブランド構築の方法論は、そもそも超優秀なブランドの成功例を分析し、つくられた方法論です。

　ものすごくざっくり言うと、ブランド構築の方法論は以下の3つを決めて、これを実行すること。
　①ブランドアイデンティティ（ブランドの存在価値）
　②ブランドプロミス（ブランドが約束すること）
　③ブランドパーソナリティ（ブランドの人格・個性）

　ブランドづくりにおいては、この三本柱が重要といわれています。だから、3つを明確に決めることが教科書ブランド論に書かれている方法の基本です。
　企業ブランドをつくるプロジェクトでは、賢い人たちが集まって、ブランドアイデンティティは何なのか？パーソナリティは？と何度も何度も議論をします。その結果できた「ブランドアイデンティティ（ブランドの存在価値）」が「人と地球が大好きで未来にチャレンジする企業」。こねくり回して、知恵を絞って、ここにたどり着きます。もちろん、こんなものは害になることはあっても、何の役にも立ちません。
　Apple の創業者であるスティーブ・ジョブズは数百年にひとりの天才であり、極端な人格の持ち主でした。革新へのこだわりは異常なまでのものだったそうです。だから Apple は、生まれながらにブランドのパーソナリティとして「革新」を

持っています。

　超優秀ブランドを後から整理・分析すると、必ず三本柱がある。だからブランドの方法論は、三本柱を明確にしないといけないとしている。ただ、それだけのことです。

　その企業・商品・サービスが、何のために存在するのか？どんなよいことをもたらすのか？個性は何だろう？強みは何だろう？と、あらためて考えないといけないのです。

　いちから考えたところで、しょせん大した強みはありません。考えないと出てこない段階でだめです。考えるまでもなく生まれながらに持つ、隠しても隠しきれないくらい強烈なものである必要があります。

　ですから凡人には、この天才をお手本とする教科書ブランド論はそのままでは使えません。

「大リーグのイチロー選手を育てた教育論」とか「フィギュアスケートの羽生結弦選手のやってきた練習方法」などを読んでも、我が子は大リーグ選手にはなれないし、自分には四回転ジャンプはできない。そんなことはみんなわかっているはずなのですが、なぜかブランドの場合、天才の方法論を真に受けてしまって、表面的になぞって、そのままやろうとしています。

　だから、ブランドができないのです。

1-3 | 目的が不明瞭なまま始まる ブランドプロジェクトの末路

目的は「ブランドをつくる」ことではありません

なぜあなたの企業や商品のブランドをつくれないのか。

教科書ブランド論の通りに実践してみても、なぜうまくいかないのか。定義の問題と並ぶもうひとつの大きな問題・理由について解説していきます。

もうひとつの理由は、ずばり**「ブランドに取り組む目的を間違えている」**からです。

日本では、ブランドという言葉をうさんくさく思っている人も多いのですが、一方で万能な魔法の杖のように考えてしまいがち。非常に定義があいまいな言葉であるにもかかわらず、とても価値のあるもののように見えるのが「ブランド」なのです。

だから、かっこよく「この商品に足りないのはブランド力」と言われたり、日本経済新聞に出てくるような「情報化が進み、モノからコトへと変化する時代においては、機能的価値よりも情緒的価値が重要となり、ブランド戦略こそが企業の命運を分けることになるのである」という文章に、「なるほど！」

「とても素晴らしい」と思ってしまう。

　さらには会社の偉い人たちも「これからはブランドの時代だから、ブランドをやれ！」などと言い出して、そこからブランドへの取り組みがスタートしている場合も多いと聞きます。

　ですが、そこに「目的」はありますか？
　なぜ「ブランドを何とかしないといけない」のでしょうか？
　会社の偉い人たちは、なぜ「ブランド力を高めろ」と言っているのでしょうか？

　本来は、「ある目的を達成する」ために「ブランドを何とかしないといけない」はずなのです。「ブランドを何とかする」のは「目的達成のための手段」でしかありません。でも**一番重要であるはずの、ブランドに取り組む本当の目的があいまいで、「ブランドをつくる」ことが目的になってしまう。つまりは、手段と目的が入れ替わっているのです。**

　企業にとってブランドをつくることには投資がともないます。そんな重要なことが、目的があいまいなまま進んでいくはずはないと思う方もいるかもしれません。しかし、ここにブランドの怖さがあります。
　ブランドという言葉の定義があいまいであるがため、
　目的と手段をはき違えていることにすら気づかないのです。
「そもそもモノよりコトの時代に重要なブランドって何なのか？」ということは、本当はあいまいだけど、ひとまず棚に上げておいて、ブランドを何とかせねば、何とかしようと考えて

しまう（だって会社の偉い人が、ブランドをやれと言ってますからね）。

　ブランドの実務家がやるべきなのは、一見素晴らしく、ありがたく思えるブランド大好き業界の人たちがつくった教科書ブランド論を現実社会の言葉に翻訳して、さらには目的までも自分の言葉で語れるようにすることなのです。つまり**「ブランドを何とかする」「何のためにブランドをつくるか」目的をはっきりさせること**です。ただ、この翻訳は本当に難しい。なぜなら、翻訳するためには、実務家が「ブランドとは何かを、本当にわかっていること」が必要だからです。

　しかし実は、教科書ブランド論を表面的に読んだだけで身につくのは、ほとんどの場合、わかったつもりのレベルの知識でしかありません。そもそもブランド初心者に、ブランドの説明をすることは、すごく難しい。本当にきちんとわかってもらうためには、順を追って、いちから、くどくどと説明しないといけません。

　でも、まわりくどい解説をしたブランド論の本は、売れないからなのか存在しません。ですから、ブランド論の説明はどうしても、例えや省略を使った「わかったつもり」にさせるものとなり、その結果として、わかったつもりレベルまでしか、たどり着かないのです。

　しかも、例えや省略が上手なので、自分はきちんとわかっていると思ってしまう（さらに悩ましいのはわかったつもりの人

が書いている中身の薄いブランド本もあったりします）。

わかったつもりにさせる説明の落とし穴

　いま思うと、私は、ブランドのことをわかったつもりでいました。だからこそ私の教科書ブランド論を使ったブランドづくりは、現実社会の人にまったくといっていいほど、わかってもらえなかったのです。

　たとえば、あなたが高齢者から「スマートフォンってなんですか？」と説明を求められたらどう答えますか？

「持ち運びできる電話です」と答えるのが一番簡単かもしれません。他にも「携帯電話（ガラケー）が進化したもの」という説明方法もあります。ざっくり知りたいわけですから、高齢者にスマートフォンを説明する場合はそれで十分です。これがわかったつもりの説明で、結果としてわかった（つもり）になります。でも仮にあなたがスマートフォンの商品企画をする立場だとして、「スマートフォンは持ち運ぶ電話」という説明を鵜呑みにして、表面的にしか理解していないなら、ちゃんとした企画などできるはずありません。

　スマートフォンとはそもそも何なのかを突き詰めてさまざまな角度から、順を追って学び、考えるという工程をきちんと経て、本当の意味でわかることが必要なのです。

　かつて私は（スーパースター）ブランドだけが「差別化」の定義があてはまることに気づかす、ブランドとは「差別化」のことなのだと誤認していました。省略に気付かないのは、ブラ

ンドに省略があるという前提条件がわかっていない。つまりわ
かったつもりのレベルであった証拠です。

　わかったつもりにさせる説明と、わかるための説明はまった
く異なります。**ブランド論でわかったつもりレベルの実務家で
は、目的を翻訳できない。翻訳ができないから問題が隠れて見
えなくなっているのです。**

　この先、この本でもまわりくどくなって、最後まで読んでも
らえないと困りますから、ある程度例えを使ってわかったつも
りにしたいと思いますが、本当にわからないといけない部分に
ついてはくどくどと説明します。くどいと感じることもあるか
と思いますが、そこだけはお許しください。

POINT

世の中の一般的なブランド論、教科書ブランド論で
ブランドがつくれない理由とは、

ブランドを
あいまいな定義のままに
あいまいな目的で（もしくは間違った目的で）
つくろうとしているからです。

1-4 | 気づけば社内から総スカン!? ブランド実務家が"孤立する"理由

手段が目的化した仕事、
他人の失態にはすぐ気づく？

　実は、この教科書ブランド論をわかったつもりになっていることが、気づかぬうちに驚くべき弊害を生んでいます。ブランド実務家が翻訳せずに教科書ブランド論を語ると、日本企業では周囲から総スカンを食って、実務家は孤立を深めることになってしまうのです。ブランドづくりには、本来多くの人の協力が必要です。周囲から孤立してしまえば、ブランドをつくることなどできません。

　ブランド実務家が、社内で孤立する理由は2つあります。
　ひとつは、**ブランドをつくることが目的になってしまい、周りの人からは実務家がやっている施策が意味のあるようには、とうてい思えない**ことです。
　人間は自分が目的と手段を取り違えている場合、なかなかその事実に気づかないもの。それなのに、不思議なことに他人のやっている仕事において、手段が目的化した時に生まれる、意味のない行為の違和感には敏感に気づく人が出てきます。具体的に言えば「差別化したら、何かよいことあるの？」と疑問に

感じてしまうのです。

　みんな忙しい。ですから、意味があると思えないことには、積極的に協力はしてくれません。

　周りの人だけでなく、差別化に取り組むブランド実務家から「教科書通りに正しいことをしているはずなのですが、ブランドをやることに、ほんとに意味があるんですかね？」という悩みをブランド実務家飲み会で聞くことすらありました。実務家も違和感を抱いている。ブランド実務家がやる意味に疑問を持っているブランドづくりに、周りの人が協力するはずがありません。

　ただ、この違和感は、大きな弊害ではありません。

　日本企業では、ブランド以外の仕事においても「目的と手段が入れ替わっている」ことが多いので、違和感を持たない人もいるからです。せいぜい積極的に協力しない理由のひとつ程度にとどまります。

無邪気に"モノづくり大国"の誇りを傷つける

　孤立という恐るべき弊害を生む大問題になるのは２つ目の理由です。実はこれは、「日本にはスーパースターブランドがない」原因のひとつと私は考えています。日本の歴史、日本人の国民性から生まれるものです。

ご存じのように、日本が戦後の高度成長を成し遂げたのは、モノづくりの力があってこそです。品質を大切にし、良い製品をつくることにすべての力を注ぎました。「製品やサービスの質を高めることが正しく、素晴らしいことである」という価値観で、一生懸命頑張って日本は成長しました。メイド・イン・ジャパンといえば、それはすなわち、高品質であることを意味するくらいでした。モノづくりとは、すなわち機能性を高めること（高性能なものをつくること）です。それは日本人の強みであり、誇りなのであり、日本人の国民性です。

　それなのに、ブランドの実務家は、その誇りを無邪気に傷つけています。

　気づいていますか？

　気づいていない人がほとんどですから翻訳します。

　「モノよりコトの時代においては機能的価値よりも情緒的価値が大切だから一緒にブランドをつくろう！」と、一見もっともらしいので、ブランド実務家は周りの人にそのままこの言葉を使ってしまいがちです。これを誇張すると、あなた以外の人にはこんな風に聞こえているのです。

　「おまえが毎日一生懸命やっている『モノづくり』、『よりよいモノをつくること』などというのは、今や時代遅れの意味のないことなのを知らないのか！より性能の良いモノをつくるよりも、いい感じ！と思ってもらうことが大切な時代なのさ。そんな間抜けなおまえには説明してもわからないだろうが、ブランドの素晴らしさを知っている頭のいい私がやろうとしているブ

ランドづくりに、さあ一緒に取り組もうではないか！」

　こんな人と一緒にブランドをつくろうと思いますか？少なくとも私は、絶対一緒に仕事をしたくありません。
　自分が大切に思って日々一生懸命取り組んでいることを頭ごなしに否定する人には、当然反感を覚えるのです。モノづくりは日本人の誇りであり、これまでの成長をつくってきた実績もあります。かたや「ブランド」については、正直うさんくさいなと思う部分もある。とはいえ、なんとなくありがたそうだったり、偉い人が「やれ」と言っているので、表面的には従ったふりをしますが、内心は協力したくないと思っています。
　心の中は憎しみと拒絶でいっぱい。**翻訳せずに教科書ブランド論を振りかざすブランド実務家は、無邪気に日本人の誇りを傷つけ続けることで孤立を深めていきます。**

情緒的価値より、機能的価値の方が圧倒的に重要

　ところで、あなたは「モノよりコトの時代だから、機能的価値より情緒的価値が重要である」、つまり「製品サービスの質（機能的価値）よりもイメージ（情緒的価値）が大事」などと、まさか本気で思っていないですよね？

「機能的価値の方が情緒的価値よりも、圧倒的に重要である」ことは言うまでもありません。比べるのもばかばかしいくら

い、機能的価値の方が重要です。

　もし、あなたが情緒的価値の方が重要と考えているのなら、大いに反省すべき。あなたは教科書ブランド論をわかったつもりになっているだけかもしれません。そして、なぜ間違ってしまったのか、どんな省略に気づかなかったのかを考えてみてください（機能的価値が重要である理由を実際に考えることが重要なので、ここではあえて書きません）。

「ごちゃごちゃ言ってないで、さっさとわかりやすいブランドの定義を早く説明しろ」と思っている方も多いかもしれません。その気持ちもよくわかります。現代においては、すぐに結論や答えが求められがちです。私もすぐに答えを求めようとしたことで、「牛の呪い」にかかってしまっていました。

　ブランドに限らず、仕事であれスポーツであれ、基礎がとにかく重要です。

　いまだに実務家のブランドの定義までたどり着かないのは、教科書ブランド論が説明していることの本当の意味を「わかったつもり」ではなく、わかってもらわないといけない、基礎固めをしてほしいからです。前にも述べましたが、できるだけ順を追ってくどくど説明して、考えるきっかけを得てもらい、考えてみて、理解して、そしてわかるというステップを踏むことにしたいと。

　そうでなければ、私の定義も、皆さんにとっては「わかったつもりの新たな定義」が増えるだけ、やっぱりブランドがつくれません。

意外すぎるブランドの正体！
実務家のための
泥臭いブランド定義とは？

33年かかって、たどりついた定義

いよいよ「実務家が33年かかって、たどり着いたブランドの定義」について解説します。

ちなみに、この定義は実務家である私がたどり着いた、実務家による実務家のためのブランドの定義です。実務家ブランド論らしい、実際に現場で使える定義にしているつもりです。繰り返しになりますが、この定義は"本来ブランドという言葉を使うべき"でないものにはあてはまりません。さんざん書きましたが、「ブランド」という言葉は乱用されすぎているので、世の中で今「ブランド」という単語が使われているすべての場合にあてはまる定義など、ありえないとも思います。乱用で一番多い、そもそも単に商品や企業のことをブランドと呼んでいる場合は、"かっこいいからブランドという言葉を使っている"だけです。この場合は、さっさと企業・商品・サービスという言葉に置き換えてください。

いいですね。

いや、ダメです。

　こちらも前に注意しました。文章を読んだだけで、わかった
つもりにならないでください。

　なぜなら皆さんは今、「ブランド」という言葉を使っているけ
れど、“かっこいいから使っている”かどうかは、自覚していな
いはずです。その見分け方がわからなければ、置き換えるべき
か否かもわからないはずですので、ここに書かれたことを鵜の
みにするのではなく、まず自分の頭で考えることが大切です。

　素直で、人に言われたことをすぐに信じてしまう性格は人と
しては素晴らしいかもしれませんが、ビジネスの場においては
多少性格がひん曲がっていた方が、学びが速い。ビジネスの時
だけでいいので、物事を疑ってかかることをお勧めします。

　ここまで前提をお伝えしたところで、私が考える“見分け
方”を紹介したいと思います。その方法は極めてシンプルで
す。「ブランド」という言葉が出てきたら、「企業」とか「商
品」に置き換えてみましょう。「私たちのブランドの今後を検
討しましょう」という課題があった場合、それが商品について
であれば「私たちの商品の今後を検討しましょう」に単語を置
き換えるのです。それで、とくに違和感なければ、“かっこ
いいから”使っているのです。

　なんとはなしに、もやもやするとか違和感があるということ

であれば、「ブランド」を、本来の意味で使っている可能性があります。

今回の本題である「ブランドの定義」は、かっこよく使っているのではなく、このもやもやする場合の「ブランド」という言葉の定義ととらえてください。

実務家ブランド論におけるブランド定義とは？

私が33年かかってたどり着いたブランドの定義、それは「妄想」です。

実務家は四の五の言わずに、ブランドとは「その人の頭の中にある勝手なイメージ＝妄想」と定義すべきです。

は？

わからない！というのもごもっとも。
そんな簡単にわかれば33年もかかりませんよ！

今から順を追って、ちゃんと説明します。
凡人がブランドをつくる時にブランドの定義を説明する方法としては、この方法が今のところ一番わかりやすいと思っています。良ければ使ってみてください。

では、説明しますね。

まず、この写真を見てください。これは何ですか？

何だと思いましたか？

この写真を見て、あなたの頭の中に生まれたものこそが「ブランド」です。

「（ブランドを）思い出すきっかけになるもの」に触れたときに「頭の中に自然に浮かんだイメージ」こそがブランドの正体です。

これを見て、梅干しだと思った方が多いのではないでしょうか？そして梅干しだとわかると、すっぱい！とイメージが頭の中に生まれてきます。口の中に、つばがわいた人もいるかもしれませんね。

梅干しのことを多少知っている人は、なんとなく「塩分が多くて健康に悪い食べ物」というイメージを浮かべた人もいるかもしれません。

　実務家ブランド論のブランドの定義の完全版は
『（ブランドを）思い出すきっかけになるものに出会ったときに、（→知っていることに気づき→）その瞬間に頭の中に自然に浮かんだ勝手なイメージ』です。

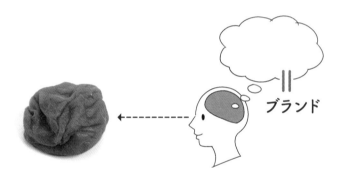

ブランド

　ただ、実務家としてはこんな長い定義は使いにくいので、この頭の中に浮かぶ「もやもや」、瞬間に「頭の中に自然に浮かんだイメージ」をざっくりと「妄想」と一言で定義しました。
　思い出すきっかけになるものとして、「視覚的要素」で一番多いのが「ブランドシンボルマーク（ブランドロゴマーク）」です。「聴覚的要素」としては、「商品や企業名を聞いた音」がきっかけとなります。

ブランドシンボルマーク

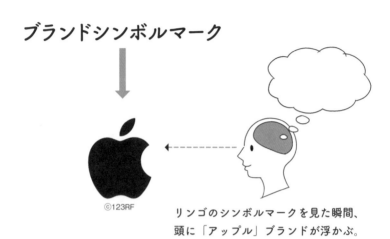

©123RF

リンゴのシンボルマークを見た瞬間、
頭に「アップル」ブランドが浮かぶ。

　続けますね。あなたは、この写真を見て、梅干しだと自然に
イメージしました。

　このことからブランドというものの正体が少しずつわかって
きます。そして、ブランドの理解に重要な３つのポイントも見
えてきます。

実務家ブランドの理解に重要な3つのポイント

まず、ひとつ目です。

1. ブランド（妄想）は、何もしなくても自然にできるもの。

梅干しがブランドをつくるために能動的に、積極的に活動しているというわけではありません。梅干しには、ブランド戦略はありません。ブランドプロミスもないですし、ブランド広告、ブランドロゴ管理をしているわけでもありません。つまり、**ブランドというのは、そもそも自然に、何もしなくてもできるものなのです。**

ブランド戦略、ブランドプロミス、ブランド広告、ブランドロゴ管理が揃わないとブランドができないというのは間違いであることがわかります。

一方で自然に、**勝手にできるものですから、よほどのことがなければ「自らが持っている特徴や個性」が妄想（ブランド）になっていくともいえます。**

梅干しは、すっぱい。だから多くの日本人はこの梅干しの写真を見てすっぱいというイメージ、つまりは"妄想"が生まれたのです。ブランドは人の頭の中に勝手にできるので、企業・商品とその人との接点（タッチポイント）を通じて自然に人の頭に貯まっていく、その企業・商品の特徴や個性が妄想（ブラ

ンド）となることが多いのです。

　だからこそブランドは、その企業・商品が本当に持っている
ものからつくらないと絶対にだめなのです。
「人と地球が大好きで、イノベーションで未来にチャレンジす
る企業」というブランドアイデンティティに何の意味もないと
断言したのはこの理由です。本当にその会社が、人と地球が大
好きなのであれば問題ありません。社員の多くがイノベーショ
ンで未来にチャレンジしていれば大丈夫です。実体がそうであ
れば、このブランドプロミスは多少役に立ちます。

　でもその企業の実体がそうでないのであれば、**実体と異なる
ブランド（妄想）を生活者の頭の中につくりだすのは、不可能
です。**
　だって多くの会社は、人と地球が大好きなんてあまり考えた
ことなどなくて、未来にチャレンジしたいと思っているけど、
目先のことで手一杯な中で一生懸命頑張っているのが実体なの
ではないでしょうか。

2. ブランド（妄想）は実体と違うこともありえる。
　　自然にできあがるもの。

　自らが持っている特徴や個性がブランドの要素となるのです
が、それは必ずしも実体や事実に基づいているということを意
味していません。

ブランドは自然に、つまり自分たちの知らないところで勝手にできてしまいます。そこで宿命として、実体・本当の姿と異なる場合も当然ありえます。

　梅干しで言うと「塩分が多くて健康に悪い食べ物」というイメージを持った人もいました。最新の研究では梅干しに含まれる酢酸は健康に良いことがわかっています。健康に悪い食品というのは、梅干しさんの真の姿・事実と異なります。あなたの勝手なイメージ（妄想）ですね。梅干しさんにとっては、この誤解はとても不本意で迷惑な話に違いありません。でも、残念ながらブランド（妄想）は、人の頭の中に勝手にできるものです。梅干しさんの意思や願い、本質に反していたり、違うものになってしまうのは仕方がないことなのです。
　よく、「我がブランドがこんな間違って受け止められているのはおかしい。何をやっていたんだ！」とか「本来の自分たちの目指すブランド像となんとなく違う」という話を聞きますが、ブランドは人の頭の中に勝手につくられてしまうものなのですから、当然です。

3. 知らないものは、ブランドではない。

　３つ目が一番重要なポイントです。
　そもそも、梅干しの写真を見ても、なんだかわからなかった人も少数ですが、いると思います。
　たとえば、外国人に見せたらどうでしょう？

梅干しを知らないので、写真を見せても何なのかわからない。知らないから、何のイメージもわかない、出てこない。妄想がないのですから、外国人にとっては、梅干しはブランド（妄想）ではないのです。

このことから、ブランドという存在になるためには、「知っている」こと、「知られている」ことが大前提となるのがわかります。

一番重要なことは、約束なんかなくても、差別化されていなくても、とにかく知られているということ。シンプルに、「知られていれば、それはブランドである」ということです。

生活者が知っている企業・商品、それはすべてブランドです。

ちなみに、このブランドとは何なの？を梅干しを使って説明する方法は、ダイキンの広告をつくっていただいている鈴木契さんという素晴らしいクリエイターが、最初に教えてくれたものをもとに、私がひねくりまわしたものです。今の世の中、権利関係がややこしいので、ここだけは、さらにくどくどと補足しておきます。

どうしてブランドを
「妄想」と定義したのか

　実務家のブランド定義の完全版は、『（ブランドを）思い出すきっかけになるものに出会ったときに、（→知っていることに気づき→）、その瞬間に頭の中に自然に浮かんだ勝手なイメージ』です。

　そして重要なポイントとして、企業・商品は「知られているだけ」で、実はすでに「ブランド」という存在であるとか、ブランドは「妄想」であるなどと教科書ブランド論にはない暴論を披露しました。

　定義はなんとなくわかったとしても、これだけではまだブランドがよくわからないと思います。ブランドという存在がそもそも何なのか、知っているものがすべてブランドというのは、さすがに暴論あるいは大雑把ではないかと感じる方も多いでしょう。

　ここからは「どうして知られているだけでブランド」なのか、「頭の中に自然に浮かんだ勝手なイメージ」をなぜ「妄想」という言葉に置き換えたのかを順番に解説していきます。

どうして「知っている」、「知られている」だけで ブランドと言えるのか？

　まず、「どうして知られているだけでブランド」なのかです。「企業・商品のことを知っているだけで、その企業・商品がブランドであるなんておかしいのでは？」「ブランドというからには、もっとすごいものなのでは？」などなど、納得していない方もいるのではないでしょうか。

　でも皆さん！いつまでもブランドを「なんとなくすごいもの」として崇め奉ったり、ありがたがるのはやめた方がよいです。そろそろ、その考えから卒業しませんか？Apple やスターバックスのような、「超優秀なスーパースターブランド」がすごいもの、ありがたいものであることは間違いありません。でも私たちが担当し、取り組む「凡人ブランド」は、残念ながらそんなにすごい存在ではない、さらにどう頑張っても今後ありがたい存在には進化できません。

　ものすごく誇張した表現でいえば、ブランドなんて、その辺にごろごろと転がっている石のようなものです。その石の中で稀有で最高級の石、すなわちダイヤモンドと呼ばれるような石が、Apple やスターバックスという存在なのだと考えるくらいでちょうどよいと思います。

　（ブランドを大切にされている方には不快な表現ですみません。ありがたがりすぎる弊害に気づいていただくためなので、広い心でお許しください）

商品を「知っている」「知られている」こと自体が、すごい価値であることは、実はブランドの教科書でもよく説明されています。よくある説明は、「あなたがミネラルウォーターを買おうとお店に入ったら、2種類の商品が並んでいました。同じ値段でした。一方は知っている商品、もうひとつは知らない商品だとすると、知っている商品を選びます。だからブランドは大事です」と。

　つまり「知られている」ということは、少なくともブランドという存在であり、知られていないものと比較すると、すでにすごい価値があるのです。私を信じない方も、教科書ブランド論で認めているのでご安心ください。

　余談ですが、この事例では「(単に「知っている」だけにすぎない) ミネラルウォーターがブランドである」と紹介されています。本来、教科書ブランド論の定義によると、ブランド＝約束となりますが、あなたとミネラルウォーターの間には「約束」は存在しません。「約束」はないのに「ブランド」であることが、実務家を混乱させる典型的な事例です。

　省略に気づかないと正しく理解できないので、省略に気づきましょうと何度も注意を促してきました。**スーパースター・最高級ブランドの定義は「約束」であり、赤ちゃん・最低レベルブランドの定義が「知っている」「知られている」なのです。**このことについては後述します。

「頭の中に自然に浮かんだ勝手なイメージ」を
なぜ「妄想」と定義したのか？

　次に、定義の完全版にある「頭の中に自然に浮かんだ勝手な
イメージ」をなぜ「妄想」という言葉に置き換えたのか、につ
いて解説していきます。

　「頭の中に浮かんだもの」は、素直に置き換えれば「頭の中の
イメージ」となりますが、「イメージ」ではなく「妄想」とい
うあまり使わない言葉で定義したのには、2つの深い理由があ
ります。

　ひとつは「ブランド」の本質を無意識に感じてもらいたいか
らです。その本質とは「ブランドは誰の持ちものなのか」とい
うこと。これをはっきりさせたかったのです。

　ブランド実務家の仕事は、自ら担当する企業・商品をよりよ
いブランドにすること。その際、どうしても忘れがちになるの
は、**「ブランドは、生活者、つまりお客さまが持っているもの
である」**という絶対的な本質です。ブランドは生活者一人ひと
りの頭の中に存在するものであり、実務家ができるのはよりよ
いブランドにするために、いろいろな働きかけを行うことだけ
です。しかしながら、「イメージ」という言葉だと、「ブランド
は企業や商品サイドの持ち物であると誤認する」ことがあり、
それを避けたい。

　あえて「妄想（必ずしも正しいかどうかわからないもの。企
業・商品は妄想しないので、自分たちのものではなく他人のも

の)」という言葉を選んだのは、そのためです。

「イメージ」という言葉を使いたくなかった、もうひとつの
理由は、「イメージ」という言葉では「ブランド」はすごいも
のや素晴らしいものという暗黙の認識を引きずってしまうから
です。本来「イメージ」という言葉ではプラスもマイナスもな
くフラットなはずですが、「ブランド」＝「（頭の中の）イメー
ジ」と定義すると、「（スーパースター）ブランド」の持つ「す
ごいもの」が「イメージ」に乗り移ります。その結果、この
「（ブランド）イメージ」はすごいものや良いものを意味してい
ると無意識に思ってしまいます。この弊害を避けるためにも、
「イメージ」ではなくて「妄想」としました。

1-7 ブランドの階級は5階層。凡人企業がブランドづくりで目指すべきものは？

スーパースターは生活者と約束をつくることを目指しますが、凡人には無理です。それならば「凡人企業がブランドづくりで目指すべきものとは何」なのでしょうか？ここここそが、実務家ブランド論において実務家がしっかり理解しておかないといけない、極めて本質的なお題になります。

実務家がブランドに取り組む際に、絶対に知っておかないといけないこと。それは「ブランド＝妄想」のレベル（価値）が5段階であることです。

ブランド界は、我々人間社会よりも格差、階級社会となっており、5つの階層に分かれています。5階層はこのようになっています。もちろん教科書ブランド論で定義されている「スーパースター（約束）」が一番上位であり頂点であることは言うまでもありません。

図1：生活者から見た、ブランド界の階級5つのレベル

① 約束・絆・大好きレベル
（絶対選択してもらえる・スーパースターブランド）
② なんとなく好きレベル（選択時に有利・優秀なブランド）
③ 嫌いではないレベル（選択肢には入る・凡人のブランド）
④ 知っているレベル（知らないよりはまし・赤ちゃんブランド）

⑤ 知らないレベル

　（この状態では妄想がない＝ブランドではない）

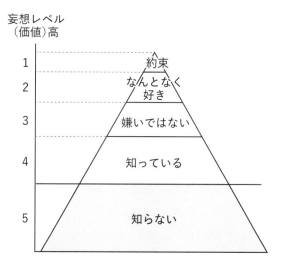

妄想レベル
（価値）高

1　約束

2　なんとなく
　　好き

3　嫌いではない

4　知っている

5　知らない

　では、一番下のレベル（価値の低いもの）から順に説明して
いきます。

⑤知らないレベル（ブランドではない）

　最下層レベルは「生活者が知らない」階層。説明のためにブ
ランドの階級には入れていますが、**正確にはまだブランドで
はない存在です**。

　今後ブランドに進化する可能性があるので、今はブランドで
はないのですが、あえて５段階には入れました。繰り返しにな

りますが、知らないものには「妄想」はありません。「妄想が
ない＝ブランドがない」となります。

　企業や商品が知られていない段階では、まだブランドという
存在ではありません。

④知っているレベル（赤ちゃんブランド）

　4階層目はブランドという存在ではあるものの、ブランドと
しては最低レベルの赤ちゃんブランドです。生活者がブランド
を思い出すきっかけに触れたときに、「知っている。それだけ
で何のイメージも出てこない」レベル。

「知っているだけで、何のイメージもないのであれば、そも
そも“妄想”も浮かばないのでは？」との質問はごもっとも！
「妄想」という一言に置き換えた弱点です。ブランド定義の完
全版「（ブランドを）思い出すきっかけになるものに出会った
ときに、（→知っていることに気づき→）その瞬間に頭の中に
自然に浮かんだ勝手なイメージ」を完全に置き換えることがで
きていません。

　完全に置き換えることはできていないのですが、「無色透明
の妄想？がある」とか「知っているけど、何だったっけという
妄想がある」という苦しい説明でお許しください。

③嫌いではないレベル（凡人のブランド）

　ほとんどのブランドが、このレベルにあると思います。

　企業・商品は「知られてはいる」のです。単に「知っている」
だけでなく、なんとなくイメージはあるのです。でもただそれ

だけ。そのイメージを一言で言うと、嫌いではないということになりますが、興味はないので正直いって別にどうでもいい。

　ブランドを思い出すきっかけに触れたときに、頭の中に浮かぶのは、「知っている。そもそも興味はないが、あえて言えば嫌いというイメージはない」というレベルです。

②なんとなく好きレベル（優秀なブランド）

　企業や商品が知られていて、本人にもなぜなのかわからないのですが、「なんとなく好き」というレベルです。

　皆さんもそれぞれ、なぜかこの商品がなんとなく気に入っていて、人にすすめるほどではないけど、買うことが多いものがあると思います。

　凡人企業や凡人商品が目指すべきは、この「②なんとなく好きレベルのブランド」です。

　このレベルまで、凡人のブランドが進化すれば大成功です。偉業です。なぜなら、③のレベルにとどまっている凡人のブランドと比較した場合に、②のなんとなく好きレベルのブランドは、段違いに価値があるからです。

　先ほどのミネラルウォーターの例で言えば、「あなたがミネラルウォーターを買おうと、お店に入ったら２種類並んでいました。一方は③レベルの「嫌いではないが興味がないミネラルウォーター」、もうひとつは②レベルの「なんとなく好きなミネラルウォーター」だとします。もちろん同じ値段なら間違いなく②を買います。そしてなんと、②の方の値段が高くても②

を買う人が多く出てきます。

　なんとなく好きレベルの妄想（ブランド）は素晴らしい価値を持ちます。ここまでならば凡人でも到達可能です。

①約束・絆・大好きレベル（スーパースターブランド）

　ブランドの究極の姿は教科書ブランド論で代表事例として使われるスーパースターブランドです。ブランドの階級レベルでいえば最上流階級です。Appleやスターバックスのように、「約束」とまでいえる、その商品への "愛" が存在します。「なんとなく好き」などという、あいまいな妄想ではありません。まさに愛です。他のものと比較したりなどしません、選択するまでもなく、その商品を選んでもらえるブランド（妄想）がそこにはあるのです。

　このブランドのレベル（価値）が5段階であることをまとめたのが、このブランド階層図（P.61図2）であり、教科書ブランド論では見たことがないと思います。この階層図こそ実務家ブランド論のバイブルといえる存在なのです。

　実務家はお手元において、すぐにありがたいと思ってしまう「ブランド」に対する認識をあらためてください。

　凡人企業や凡人商品では、どんなに頑張ってもスーパースターブランドにはなれないことを自覚し、身の丈に合った凡人向けの方法論、実務家ブランド論でブランドをつくることが何よりも大切です。

図２：実務家ブランド論におけるブランド階層図

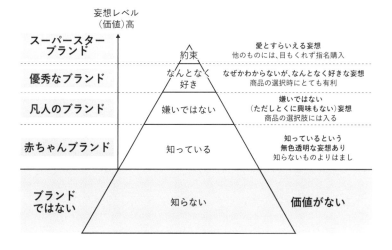

妄想レベル
（価値）高

スーパースター ブランド
約束
愛とすらいえる妄想
他のものには、目もくれず指名購入

優秀なブランド
なんとなく 好き
なぜかわからないが、なんとなく好きな妄想
商品の選択時にとても有利

凡人のブランド
嫌いではない
嫌いではない
（ただしとくに興味もない）妄想
商品の選択肢には入る

赤ちゃんブランド
知っている
知っているという
無色透明な妄想あり
知らないものよりはまし

ブランド ではない
知らない
価値がない

「ブランドづくり」とは、すなわち「妄想づくり」です。

　実務家が目指すのは、「あなたの企業・商品」と「生活者」の間に「約束」をつくることではありません。まず「知ってもらうこと」、つまり妄想してもらえることが何よりも重要です。次に「嫌いではない」と思ってもらい、そしで最終的には「なんとなく好き」な妄想をつくりだすことを目指しましょう。

「実務家ブランド論」における
ブランドをつくる目的とは？

「凡人ブランド」は、
スーパースターブランドのマネはしない！

1-2 で明らかにしたように、教科書ブランド論に出てくるようなスーパースターブランドをつくるための方法論を使って、実務家が担当する企業・商品のブランドづくりをしても、決してブランドをつくることはできません。なぜなら、この方法論をそのまま使うと「ブランドの定義」と「ブランドをつくる目的」があいまいになるからです。

教科書ブランド論でブランドができない理由は、
ブランドを
A：約束や差別化などの、あいまいな定義のままに
B：あいまいな目的で（もしくは間違った目的で）つくろう
　　としている
からでしたね。

できない理由が「定義」と「目的」にあるならば、まずは「定義を明確」にして、次に「あいまいでない」、「（間違っていない）正しい目的」を決めることができれば、ブランドはつく

ることができます。

　繰り返しになりますが、ブランドの定義は「（ブランドを）思い出すきっかけになるものに出会ったときに、（→知っていることに気づき→）、その瞬間に頭の中に自然に浮かんだ勝手なイメージ」であり、一言でいえば「妄想」です。

　あなたが一緒に、ブランドづくりに取り組む関係者が全員、「ブランド」と聞けば、すぐに「妄想」と頭の中に浮かぶくらい、あなた自身が徹底して定義を共有することが必要です。

　そう、ブランドづくりは、妄想づくり。

　決してカッコいいお仕事ではありません。生活者の頭の中に、企業・商品・サービスについての「妄想」をつくる仕事。地味で、地道なお仕事なのです。

　これで A：定義は明確になりました。

　次は、B：あいまいでない、間違っていない、正しい目的を定めることが必要になるのですが、実はこの「正しい目的」を定めることが、実務家にとって難しいのです。

　本来は「目的」を達成するために「ブランドをつくる」はずなのに、いつのまにか手段と目的が入れ替わり、気づかぬうちに「ブランドをつくること」そのものが「目的」になってしまうケースが多いのです。

　そして多くの場合、教科書ブランド論の誤った定義「ブランド＝差別化」を使ってしまい、結果として「ブランドづくり＝

差別化づくり」が目的になってしまっています。

　では、ここで実務家ブランド論における、ブランドをつくる正しい目的について説明しましょう。それは、いたってシンプルです。

ブランドをつくる目的は、「お金儲け」のため

「えー!? 今の時代のブランドづくりの目的は、社会貢献とかSDGsではないのか」ですって？

　あなた、そんなこと本気で言ってます？このような勘違い論を主張する人が多いのは、実務家にとっては本当に迷惑です。

　最近は新たにこの「SDGsの呪い」が流行りだしているようですが、**ブランドをつくる目的は、あらゆる企業と商品においても不変、すなわちお金儲けのためです。ここを、絶対にはき違えてはいけません。**

　私たちはブランド界ではなく、資本主義という現実世界の住人なのです。SDGsは、本業で儲けながら世界を変えるのであり、儲かっていない企業に、世界を変えることなどできません。

　繰り返しますが、ブランドをつくる目的は「企業が儲かる」こと、「商品が売れる」ことです。正確に言えば、「企業の事業活動に貢献する」ことです。

　よくあるのが、「差別化づくり」を目的として「ブランドづくり」に取り組みました。うまくいって競合商品との差別化（ブランド）は、生活者の頭にできました。でも、できた差別

化ポイントには魅力がなくて商品は売れません。いっぱいお金をかけたのにぜんぜん儲かりません。みんなブランドをつくっても意味がないと思ってしまいました…というオチ。

「儲けるために」という目的が抜け落ちているから、このような失敗が生まれてしまうのです。

A. ブランドの定義は「妄想」と明確になりました。
B. ブランドをつくる目的も「儲けるため」と正しいものができました。

皆さん、実務家ブランド論の「定義」と「目的」を正しく理解してください。この「定義」と「目的」を使えば、あなたは必ずブランドをつくることができます。

1-9 | なぜ、実務家はブランドづくりを間違えてしまうのか？

ブランドづくりのほとんどが間違い!?

この本を読んでいただいている方は、所属する企業や担当する商品のブランド戦略の企画・実施に携わっている当事者の方、あるいは外部協力会社の立場から、ブランド戦略立案やブランドコミュニケーション（広告・ＷＥＢサイト等）の企画・制作をされている方など、ブランドの実務を担っている方も多いと思います。

そんな皆さんは、ここまで私の説明を読んだところで「教科書ブランド論の定義や目的は間違っていない」「自分はちゃんとブランドづくりを企画・実行できている」「ブランド広告やブランドサイトによってブランドの価値を高めている！」と内心では思っていますよね？やっている本人は間違いに気づきにくいのです。

実は、この「ブランドづくりのほとんどが間違い」であることは、私だけが主張しているのではありません。私が尊敬する複数のマーケターの方も、「ブランド施策のほとんどが"間違い"であり、ブランディングと称して世の中に溢れているマス広告は、半分以上は何の意味もないから、今すぐやめても何の

影響もない。お金の無駄遣いである」と指摘されています。

　長きにわたりブランドづくりを間違えていた私だからこそわかる「間違えてしまうその理由」について、もう少し説明しておきたいと思います。そして「実務家ブランド論におけるブランド広告は、批判されているブランド広告と何が違うのか」についても解説します。

　たとえばブランドWEBサイトは、売りに走らない方がよい。とにかくカッコいいデザインで、ブランドの空気感（？）を伝えるべきと言われています。私もかつては「デザイン性重視」で「イメージ最優先」のブランドサイトを正しいと信じ、数多くつくっていました。
　もちろん、これは典型的な間違いでした。

　ブランドをつくるためのブランド広告ではどうでしょうか？
　ブランド広告というものは、「商品を売らなくていい広告」「商品の魅力や性能についてくどくどと説明するのではなく、イメージ訴求する広告」のことだと思っている実務家が多くいます。これも大間違いです（のちほど説明しますが、実務家ブランド論においては、ブランド広告の対極にあると思われる「商品名を連呼するおもしろテレビコマーシャル」は、立派なブランド広告と考えます）。

　一生懸命に仕事に取り組む実務家の私が、かつてやらかして

しまっていたように……間違いを犯してしまうのには、もちろんきちんとした理由があります。

　その理由は、ここまでずっと言い続けてきたこと。つまりは教科書ブランド論をわかったつもりになっていて、そのためブランドの定義があいまいで、目的もあいまいなままに、ブランド施策を展開しようとするからです。

　広告を例に、間違えてしまう理由を説明します。

多くのブランド広告が間違えてしまう理由

　多くのブランド広告が間違えてしまう理由は2つあります。

①手段が目的にすり替わっているから

　ブランド広告やブランドサイトの目的が、「ブランド広告をする」「ブランドサイトをつくる」ことになっている。手段が目的にすり替わってしまっているために、間違った施策になっているケースが多くあります。「ブランド広告をする」ことが目的になっているので、ブランド広告を実行すれば目的は達成されます。広告をすれば、めでたしめでたしとなるので、間違えていることすら気づきません。

②絶対に達成できない目的が設定されているから

　ブランド広告をつくる目的がきちんと設定されている場合もあります。しかしながらその目的は、ブランドの教科書に載っている、ブランドの定義「約束」「差別化」をつくることに

なっているケースが多いのです。すなわちブランド広告の目的が、広告によって商品と生活者の間に「約束」や「差別化」をつくることになっているのです。

　この目的も間違っています。

　なぜなら、**それは達成することが不可能な目的だからです**。あなたがブランドづくりに取り組もうとしている商品は、AppleやNikeのようなスーパースターではありません。もともと他社の商品と比較して、大きくは優れてなどいない、平凡な商品なのです。生まれながらに才能がないのに、「約束」など絶対にできません。

　スタート地点が、そもそも違うのに、生活者と商品の間に「約束」をつくらないといけないと考えてしまうから、どうしていいかわからなくなって、みんながAppleの広告を真似てしまいます。

　そして、そんな無駄なブランド広告ばかりがいっぱいできて、結果として、「商品を売らなくていい広告」や商品の魅力や性能について説明するのではなく、「アートでイメージ訴求する広告」が、ブランド広告のお手本、スタンダードになってしまったのです。

「実務家ブランド論」における、
正しいブランド広告とは？

　では、「実務家ブランド論のブランド広告」とはどのような
ものなのでしょうか。まず、実務家ブランド論のバイブルであ
る「ブランド界の階層図」を復習してみましょう。

■ブランド界の階層５つのレベル
　①約束・絆・大好きレベル
　　（絶対に選択してもらえる・スーパースターブランド）
　②なんとなく好きレベル（選択時に有利・優秀なブランド）
　③嫌いではないレベル（選択肢には入る・凡人のブランド）
　④知っているレベル（知らないよりはまし・赤ちゃんブランド）
　⑤知らないレベル（妄想がない＝ブランドではない）

　実は、世の中の間違えたブランド広告は、実務家ブランド
論の５階層ではなく「現在のブランド」を、「目指すブランド
（約束）」へ進化させる２階層のみになってしまっているから、
その問題に気づかないのです。
　次のページの図３を御覧ください。無駄なブランド広告をつ
くってしまう実務家の頭の中はこのようになっています。

図3：無駄なブランド広告をつくってしまう実務家の頭の中

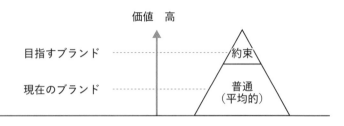

これは理屈としては正しいのですが、約束は凡人にはそもそ
も達成できない目的なので、結果的にどうやったところで無駄
な広告になるのは当然です。

この場合、「ブランド広告を企画する実務家と、広告を決め
る経営者のブランド階層のレベル」が目的とする「広告を届け
る人のレベル」と乖離していることを、実務家が冷静に自覚で
きていない状況であると言えます。

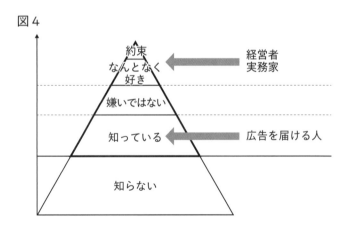

図4

P.72 図4で示したように、実務家と経営者の位置するブランド階層のレベルは高いのです。自分たちの商品・サービスに対してレベル4（なんとなく好き）、あるいはレベル5（約束）の高い階層のレベルです。つまり、その企業や商品が「なんとなく好き」以上の人、世の中にはほとんど存在しないごく限られた人です。そんな限られた人たちが「広告を届ける人（多くが「知っている」あるいは「知らない」レベル）」とのレベル差を気づかないまま、自分たちにとって気持ちいい広告を「自己満足」でつくってしまう。そこが間違える原因なのです。昔、機嫌よくこのような間違ったブランド広告をつくっていた本人が懺悔の思いを込めて白状するのですから、多分正解なのだと思いますが、どうでしょうか。

そもそも、世の中のブランド広告のターゲットは、
誰だったのか？

　おそらく、その商品を購入する可能性のあるすべての人になっているのではないかと。

　でも、すべての人だと、そもそも商品の存在を知らない人も含まれますし、商品名しか知らない人も含まれます。「商品の存在をそもそも知らない人」と「商品」の間に、「約束」をつくることなどできません。順を追って考えたらわかるはずなのですが、ブランド階層のレベルを2つに分けているから、このことに気づけないのです。

　もう少し掘り下げます。あなたがブランドづくりをしようとしている商品のターゲットが仮に1万人いるとします。その人

たちは、5つのレベルに各々どのくらいの人がいると思いますか？多くの場合、ざっくり言うとこんな比率（P.75図5）です。

1万人の中で、9000人は、あなたの商品の存在を知りません。
900人は、商品名をなんとなく知っているだけです。
90人が商品について、嫌いではないと思っています。
9人が、商品をなんとなく好きだと思っています。
そして1万人の中で、たった1人ですが、あなたの商品を
超好きな人がいます。

　百歩ゆずって、世の中の「約束」をつくるためのブランド広告に意味があるとしたら、その効果が期待できるのは、せいぜい（今のブランドレベルが）レベル3「商品が嫌いではない」以上のたった100人だけではないでしょうか。

　超高価なテレビ広告で、このようなブランド広告をやってしまっていませんか？数多くの生活者にメッセージを届けることができるメディアなのに、1万人中の100人、わずか1％を広告のターゲットにしているのなら、どう考えても、もったいなさすぎます！

ブランドづくりの本来の目的は、お金を儲けるためです。

　だから、そもそもブランド広告の正しい目的は、広告によって生活者の頭の中に「お金を儲けることにつながる『ブランド（妄想）』をつくる」ことなのです。ブランド広告では、「知っ

図5：階層別のターゲットの人数

※人数は作者が想定したものです。

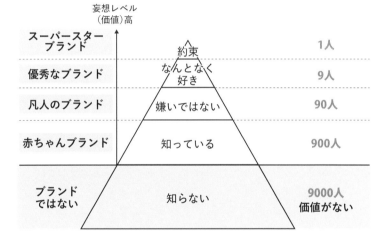

てもらう」こと。そして「嫌いではないイメージ（妄想）を持ってもらう」ことも非常に重要です。

　知っている人が増えることも、嫌いでない人が増えることも、儲かることに貢献します。

　あなたの商品の存在を「知らない人」に「知ってもらう」、「嫌いではないイメージ」を持ってもらうという目的を達成するためにマス広告という手法は適しています。そして儲かるということを考えれば、レベル1（知らない）をレベル2（知っている）に引き上げることの方が重要な場合が多いです。少なくとも、ブランド広告を企画・実践するときに、約束をつくることと、知ってもらうことを比較して、どちらがあなたの商品のブランドづくりにとって正解なのかを考えるべきなのです。

　今日もまた、テレビでは、企業が儲かるために必要な人材を募集するべく、リクルート目的のブランド広告が放送されています。でも、そんなブランド広告の多くが決まって「人と地球が大好きで未来にチャレンジする」ことを美しくイメージ訴求しています。

　きれいですが何も残りません。知らない企業が、あたりさわりのないことをメッセージしているだけです。学生さんに「今の広告はどこの会社だったかわかりますか？」と聞けば、きっと「覚えていない」「どこか知らない会社」と答えるはずです。

　それで本当にブランド広告になるのでしょうか？

社名の認知度が低い企業における、リクルート目的のブランド広告は社名を連呼するなど、まずは社名認知を最優先にするべきです。もちろん例外はありますが、少なくとも「まず社名を知ってもらう」ことと「学生と約束をつくる」ことのどちらが目的を達成するために効果的なのかを、企画の段階できちんと比較検討することが大事だと考えます。

ブランドは、広告でつくるものではありません

　ここでは、わかりやすさを優先し、テレビ広告を活用したブランドづくりの話を事例に用いています。だからといって、ブランドづくりは、広告を使わないとできない。やっぱりブランドとは広告でつくるものだと思わないでください。「ブランドづくり」と「広告」の話が一緒に語られることが多いことから、実務家がブランドとは広告でつくるものと勘違いしがちです。でも言うまでもなく、ブランドは広告のみでつくるものではありません。

　お金をかけなくても、広告なんかしなくてもブランドはつくれます。

　実務家によるブランドづくりとは、いわば、お金をかけないブランドづくりなのです。
　ではどうすれば間違いでない、正しいブランドづくりができるのか？そのためには、ブランドの土台というべき部分が重要

になります。次章では、正しいブランドづくりに必要な土台を
説明していきます。

【コラム】

乱用されている「ブランド」という言葉。
その正体と、つきあい方

　私は、「なんでもかんでもブランドという言葉を使う」ことをやめてほしいと心から思っています。ただでさえ難しい実務家のブランドづくりを、さらに難しくする原因だからです。でも実際は、世の中で使われている「ブランド」という言葉の多くは、実務家ブランドの定義と違う、乱用された使われ方をしていると説明しました。

　しかしながら、私が乱用して使われていると主張したところで、乱用された使われ方の方が圧倒的に多い現実は変わりません。たとえば「情けは人のためならず」という、ことわざがあります。

　この本来の意味は「人に対して情けをかけておけば、めぐりめぐって自分に良いことが返ってくる」です。ところが今では「誰かに情をかけることは，その人のためにならない」という意味だと誤解する人が増えていて、本来の意味ではない方が主流になってしまいました。ブランドも同様です。私だけが乱用されて使われていると主張したところで、世の中では圧倒的に多く使われて主流となっている

使われ方をしっかり理解しておかなければなりません。この現実をふまえてブランドづくりを進めなければ、ブランドはつくれないからです。

　そこで、世の中で「ブランド」という言葉が、一体どのような意味で使われているのかを整理してみたいと思います。

　世の中には「ブランドこそ人生である」「ブランドはアートではない」など、何を意味しているのかわからない「ブランド」の使われ方も見られます。ブランドづくりでは、こうした使い方をしないので、ここは無視します。

　そうすると、「ブランド」という言葉の使われ方は大きく2つのタイプに分類・定義できると考えています。
　1　本来のブランドの使われ方
　2　乱用された使われ方

1．本来のブランド（生活者の頭の中のイメージ）
　　　としての使われ方
　この本の中で使っている「ブランド」という言葉です。実務家ブランド論の定義「生活者の頭の中のイメージ（妄想）」がそのままあてはまります。私が考える、本来の正

しい「ブランド」という言葉の使われ方になります。

2．乱用された使われ方
　世の中の「ブランド」という言葉は、この使われ方が圧倒的に多いのです。この間違った使われ方の「ブランド」の正体をきちんと理解しておく必要があります。

　実例で考えていきましょう。

　次に示す3つの例には「本来のブランド」と「乱用されているブランド」の両方が使われています。
　まず、上記のどちらなのかをしっかりと見極める。
　さらには使われている「ブランド」の各々の意味を理解する。

　どちらなのか？どんな意味なのか？考えてみてください。

【実例1】ブランドづくりの会議での会話
　健康志向の高まりは、天然のわき水を使っている私たちのブランドにとってはチャンスであるといえる。そのためにブランドをもっと強化していこう。

【実例2】 ブランドセミナーの説明文

　生活者の行動が大きく変化する中、多くの企業では変化に適応する力、そして変化に動じない**ブランド**力が試されています。このセミナーでは**ブランド**がどう変化に対応すべきかを明らかにしていきます。

【実例3】 ビジネス誌の記事

　グローバル企業では、品質に変わる差別化ポイントとして**ブランド**を磨き続けている。それなのに、多くの**ブランド**が市場のうねりにのまれ苦しんでいる。

　一番簡単な見極め方は前に紹介した「ブランド」という言葉が出てきたら、それを「企業」とか「商品」に置き換えることです。「私たちのブランドの今後を検討しましょう」という課題があった場合、それが商品についてであれば「私たちの商品の今後を検討しましょう」と置き換えます。それで、特に違和感なければ、乱用された使われ方です。かっこいいから「ブランド」を使っているだけです。

　ただ「商品」と置き換えてみると、なんとなく違和感がある。実際は乱用されて使っている「ブランド」という言葉であっても、単純な置き換えではなんとなく違和感を覚

える使われ方の方が圧倒的に多いのです（かといって「頭の中のイメージ」かというと、これもなんとなく違う）。

　実はこれは「企業」「商品」が変異した使われ方なのです。たとえば商品であれば、

「商品」だけではなく、少しですが「頭の中のイメージ」の意味がくっついています。

「正しいブランド」の定義は「思い出すきっかけになるものに出会ったときに、頭の中に自然に浮かんだ勝手なイメージ」、一言でいえば「妄想」でした。

　つまり、この図の「もやもや」は「ブランド（妄想）」を意味しています。

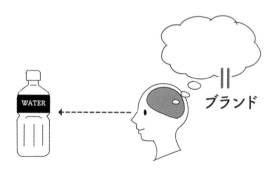

次に「乱用されているブランド」の場合は
「商品＋（頭の中のイメージ）」で使われています。

乱用された使われ方は、単に「商品」だけの意味で
使っている場合もありますが、どちらかといえば「商
品」だけのことを指しているのではなく、微妙に「頭の
中のイメージ」のニュアンスがくっついている場合が多
いのです。

　ここで
「正しいブランド（実務家のブランド）」「乱用されている
ブランド（世の中でよく使われるブランド）」をまとめる
と、こうなります。

　実務家は、世の中で使われているブランドという言葉は
「Ａ（頭の中のイメージ）」と「Ｂ（商品そのもの＋頭の中
のイメージ）」の２つの種類があることと、各々の意味を
きちんと理解し頭の中で翻訳しましょう。

　先ほどの例であれば、

【実例1】 ブランドづくりの会議での会話

　健康志向の高まりは、天然のわき水を使っている私たちの「ブランド」にとってはチャンスであるといえる。そのために「ブランド」をもっと強化していこう。

〈翻訳〉

　健康志向の高まりは、天然のわき水を使っている私たちの「商品」にとってはチャンスであるといえる。そのために「生活者の頭の中にあるイメージ」をもっと強化していこう。

【実例2】 ブランドセミナーの説明文

　生活者の行動が大きく変化する中、多くの企業では変化に適応する力、あるいは変化に動じない「ブランド」の力を試されている。このセミナーでは「ブランド」がどう変化に対応すべきかを明らかにしていきます。

〈翻訳〉

　生活者の行動が大きく変化する中、多くの企業では変化に適応する力、あるいは変化に動じない「**生活者の頭の中にイメージができている商品（商品＋イメージ）**」の力が試されている。このセミナーでは「**企業**」がどう変化に対応すべきかを明らかにしていきます。

　でしょうか。

もしかしたら後の方の「ブランド」という言葉は、「企業」ではなく「生活者の頭の中にイメージができている商品」のことを指しているかもしれませんが、これだけではよくわかりません。

【実例3】ビジネス誌の記事
　グローバル企業では、品質に変わる差別化ポイントとしてブランドを磨き続けている。それなのに多くのブランドが市場のうねりにのまれ苦しんでいる。
〈翻訳〉
　グローバル企業では、品質に変わる差別化ポイントとして「生活者の頭の中のイメージ」を磨き続けています。それなのに多くの「商品」が市場のうねりにのまれ苦しんでいる。
　と読み取れます。
　ただこの場合もおそらく記者の意図は、「生活者の頭の中のイメージ」と「商品」の両方がなんとなく頭にあってそのバランスが2つの「ブランド」の言葉で微妙に違うのだろうと思われます。
　グローバル企業では、品質に変わる差別化ポイントとして「生活者の頭の中のイメージ＋商品」を磨き続けている。それなのに多くの「商品＋生活者の頭の中のイメージ」が市場のうねりにのまれ苦しんでいる。

と読み解く方がより正確と考えます。

この「生活者の頭の中のイメージ」と「商品」の両方がなんとなく頭にあって2つのバランスが微妙に違う使い方が一番多い「ブランド」という言葉の使われ方です。

ここまで、ブランドをつくる実務家の視点からあえて乱用という言葉を使いました。

ただここで、実務家ブランド論のバイブルであるブランド階層図を思い出してください。階層図が表しているのは、そう「知られていれば、それはブランドである」ということです。

つまり、ブランドをつくる立場である実務家が使うべき「ブランド」の定義は「頭の中のイメージ」です。でも生活者が何の気なしに使っている「ブランド」を一般論として定義するとなれば、それは「その人が知っているもの（企業・商品）」となるのです。

実務家は「ブランド」という言葉が出てきたら、そもそもそこに省略がないか？本来使うべき使い方か、乱用されている使い方か？それとも知っているものなのか？を意識し、頭の中で翻訳することが重要です。そうすることでブランドへの理解が深まり、現場でのブランドづくりがどんどん上手になっていきます。

実務家ブランド論における
「ブランドの土台」とは

2-1 | 「機能的価値」よりも 「情緒的価値」が高い異常な時代

　スーパースターブランドの成功例を分析し、まとめられた教科書ブランド論を使っても、自社のブランドをつくることは絶対にできません。

　ここまで実務家ブランド論の、正しい「ブランドの定義」と正しい「ブランドづくりの目的」を明らかにしました。第2章では、実務家ブランド論におけるブランドの土台について説明します。ブランドづくりにおいては最初にブランドの土台となる部分を正しく、しっかりと固めることが重要です。

圧倒的に重要なのは、情緒的価値

　土台を正しくしっかりと固めるために、実務家がきちんと理解しておかないといけないことがあります。それは、「機能的価値よりも情緒的な価値が圧倒的に重要」であるということです。

　ここまで読んで、お気づきの方がいるかもしれません。

　私は「機能的価値の方が情緒的価値よりも圧倒的に重要である。『モノよりコトの時代だから、機能的価値より情緒的価値が重要』、つまり『製品サービスの質（機能的価値）よりもイ

メージ（情緒的価値）が大事』というのは大間違いである」と第1章で断言しました。

　それなのに、ここにきて手のひらを返したように「機能的価値よりも情緒的な価値が圧倒的に重要」と主張するなんて矛盾しているじゃないか？どちらが正しいの？と思われるのは当然です。

　そもそも「機能的価値の方が情緒的価値よりも、圧倒的に重要である」ことは言うまでもありません。比べるのもばかばかしいくらい、機能的価値が重要です。このことは絶対的な真理です。

　しかし「今の時代」に限定すると、残念ながら「機能的価値よりも情緒的な価値が圧倒的に重要」なのです。ここが多くの人に忘れられがちなポイントといえます。

　この部分を、順を追って説明していきましょう。
　あなたは通勤やレジャーに自動車を使っています。いま乗っている自動車は、なんとなく好きな会社の車で、デザインも気に入っています（あなたは、その車の情緒的価値を評価して選んだかもしれませんね）。
　そろそろ、同じ会社の車に買い替えようと考えていました。
　そのとき、別の会社でガソリン代がゼロ（空気中の二酸化炭素を燃料にする自動車で、ガソリンは不要）の車が発売されたのです。

あなたは今乗っている、なんとなく好きな会社の車（情緒的価値が高い）か、別の会社のガソリン代ゼロ（機能的価値が高い）の車かどちらを買いますか？

　普通の人は、ガソリン代がかからない会社の車を買うでしょう。

　本題からはずれますが、メルセデスベンツやポルシェなどの高級車に乗っているお金持ちは、ガソリン代がかからない（機能的価値）ことに価値を感じないでしょうから、それでもメルセデスベンツやポルシェを買うでしょうね。このことからもスーパースターともいえる超優秀なブランドにおいては、ユーザーと商品の間に非常に高い情緒的価値が存在することがわかります。

　別の例です。

　あなたは、エアコンを買おうとしています。

　もともとダイキンがなんとなく気に入っています。

　省エネ性能が高い、年間電気代5万円のダイキンエアコンを買う予定でした。

　そのタイミングでベンチャー企業が、年間電気代わずか1円の画期的な省エネエアコンを開発・販売を開始しました（電気代以外のエアコンの性能はまったく同じ）。

　あなたはどちらのエアコンを買いますか？

私は、ダイキンに勤めていながら、ベンチャー企業のエアコンを買ってしまいそうです。だって年間電気代が5万円近く下がるなんてすごいお得です。

　この2つの架空の例からも、「製品サービスの質（機能的価値）」の方が、「イメージ（情緒的価値）」よりも価値があることは明らかといえます。機能的価値が強い意味を持つのは、その価値を数字や言葉で論理的に、きちんと説明できるからです。数字に基づき「説明された内容」は、頭で理解できます。
　そして理解した内容に「高い価値」を感じた場合は、心から納得できるのです。
　それに対して、言葉で説明することが難しい、論理的ではない、ふわっとした情緒的価値は機能的価値と比較にならない、ひ弱さがあります。
　これは本質的な、不変の真実。だからブランド界以外の人が、「製品サービスの質（機能的価値）の方が、イメージ（情緒的価値）よりも本当は価値がある」と考えるのは自然といえます。
　しかし、"今の時代"は「機能的価値よりも情緒的な価値が圧倒的に重要」なのです。それはなぜでしょうか？

機能的価値では差がつけられない時代に

　先ほどガソリン代ゼロの車、年間電気代1円のエアコンを例に用いました。その時、皆さんは「そもそも、そんな車やエア

コンは現実につくれないのでは？」と思いませんでしたか？

そうです。"今の時代"の技術ではつくれません。

しかしながら歴史を振り返ると、馬車で移動していた時代から自動車の時代へと変化した際には、大きな技術革新によって機能的な価値が大きく変化し、その価値が高く評価されました。固定電話から携帯電話へ変化した際は、誰もが持ち運べる、いつでも通話できるという機能的価値が今までよりも圧倒的に高くなることを実感できました。

でも"今の時代"においては、機能的価値を「以前の機能」や「競合の機能」と比較したとしても、「価値が高くなったと感じる」ことは非常に難しいのです。技術が進歩して、高いレベルまで成熟化しているので、画期的な進化が生まれにくくなっていますし、生まれたとしてもすぐに競合に追いつかれてしまいますから。

エアコンでいえば、A社の年間電気代は5万円。B社は5万100円。機能的価値の差（100円）は確かにありますが、ごくごくわずかな差。生活者から見れば、正直どちらも同じ価値に見えています。これでは電気代という**機能的価値では、残念ながら差をつけられません**。"仕方がない"ので、情緒的価値で差をつけることが重要になってきます。

なぜなら生活者が商品を購入する際に、機能的価値は同じで差がない場合、「情緒的価値（ブランド）が高いと思う商品を購入」するからなのです。

このように機能的価値が同じと感じてしまうのは、すでに機能的価値が、生活者が求めるレベルよりも高くなっていることを表しているとも言えます。

　私は、ラーメンが好きです。スーパーマーケットで買えるインスタントラーメンは美味しいですよね。有名メーカーに限らず、スーパーのプライベートブランドのインスタントラーメンも十分に美味しいです。今、日本でまずいインスタントラーメンを探す方が難しいと思います。言い換えると、どれを買っても大きな差がない。まずいインスタントラーメンと、美味しいインスタントラーメンが存在した時代には、美味しいインスタントラーメンをつくれば、売れました。でも、みんな美味しいのですから、美味しいのは当たり前で、その高いレベルの美味しさで差をつけることはどんどん難しくなっています。

　だから「機能的価値（美味しいラーメン）」を開発して差をつけることに、今まで以上に取り組むのは当然だけれど、同時に「情緒的な価値（なんとなく好きなラーメン）」も頑張って上げる努力をして、「両方の価値」の合計で差をつけないと買ってもらえない時代なのです。

情緒的な価値を高めるための、本当のブランドづくりが必要

　ブランド実務家は、本来は「機能的価値」が「情緒的価値」よりも重要であることをしっかり認識する必要があります。機

能的価値が情緒的価値よりも重要であることは普通の人にとっては当たり前のことだからです。

　その上でブランドづくりに関係する周囲の人に、今は「機能的価値よりも情緒的な価値が圧倒的に重要」な極めて特殊な時代であることをわかりやすく説明し、納得してもらうことからまずスタートしましょう。ブランドづくりをやりながら、同時並行でブランド（妄想）が、今の時代は本当に重要になっていることを、根気強くわかってもらうことです。そうすることで、ブランドづくりの仲間が少しずつ増えていきます。ブランド実務家が孤立しては、いくら正しい方法論であってもブランドをつくることはできません。

『いいもの』をつくったから、売れる時代ではありません。
　なぜなら、世の中は、『いいもの』であふれているのです。
『いいもの』以外は存在しないと言ってもいいくらい。

　もちろん生活者が「超すごい!!」と絶賛するほどわかりやすく、超ハイレベルの機能的価値がある商品をつくれば、機能的価値だけでも売れます。しかし、こうした商品を生み出すことは本当に難しくなっています。
　かつての日本では『いいもの』をつくれば売れる時代が長くありました。そのため『いいもの』をつくることのみが、重要視されてきました。
　今の時代は、よりよい商品やサービスを開発することと同じように、もしかしたらそれ以上に、よりよい情緒的価値をつく

る、ブランドをつくることに知恵を絞り、一生懸命取り組むことが、重要になっています。

　たくさんある『いいもの』の中で、あなたの企業や商品を選んでもらわなければなりません。その時に、ブランドこそが素晴らしい力を発揮するからです。

実務家ブランド論のブランドづくりは
まず土台から

お待たせしました。そもそもブランドの土台とは何か、教科書ブランド論の方法をどのように翻訳すれば、正しいブランドの土台づくりができるのかを説明します。

「勝手に」ではなく、「意図的に」ブランドをつくる

あなたの商品を「知っている人」や「嫌いではないと思っている人」の頭の中には、すでに何かしらのイメージ、つまりはブランドが存在します（ブランド広告をしていなかったとしても、ブランドは頭の中に存在しているのです）。

でも、そのブランドとは、意識せずにできたもの、時の流れに身を任せてできたものです。ですから、そこで抱かれているイメージが、企業や商品の本当の価値と異なっていることもあります。それだけではなく、せっかく商品が持っているイメージ（ブランド）が、お金を儲けることにまったく役に立たない場合も多いのです。

仕方がありません。それは「勝手に」できているものなのですから。

実務家ブランド論のブランドづくりとは、「勝手に」ではなく、「意図的に」ブランドをつくるお仕事。そのために土台を

きちんと決めて、儲かることに役立つブランドを意図的につくります。

ブランドづくりに必要な土台とは

　土台とは、言い換えると「あなたの企業・商品は、一体どんな存在なのか？」「そもそも何者なのか？」です。教科書ブランド論の方法を使って、これを決める時にスーパースターをお手本にして、「憧れ」「約束」「差別化」を入れ込んでしまうと大失敗します。教科書ブランド論の方法をそのまま使うのではだめなのです。これを実務家ブランド論の方法に翻訳することが必要になります。順番に翻訳していきます。

　ブランドの土台（一体どんな存在なのか）として決めるべきことは、教科書ブランド論に書いてある
①存在価値（ブランドアイデンティティ）
②約束（ブランドプロミス）
③人格・個性（ブランドパーソナリティ）
の３つです。

　①②③のカタカナ部分、つまりブランドアイデンティティ、ブランドプロミス、ブランドパーソナリティ等のブランド用語や定義については、ここで示した以外にもブランド論の世界にはいろいろ存在します。ブランドミッション、ブランドバリュー、ブランドビジョン等々です。最近の流行はブランド

パーパスでしょうか。実務家にとっては、バリューだろうが、アイデンティティだろうが、カタカナの部分がどんな言葉であるかは正直どうでもいいです。ざっくりといえば、ブランド論の世界における宗派や時代による違いだけですから。

　重要なのは日本語の部分「存在価値」と「約束」と「人格・個性」です。この３つは絶対に必要であり、これさえあれば実務家ブランド論でブランドをつくる土台として十分です。

2-3 | 存在価値（ブランドアイデンティティ）が ブランドづくりの成否を決める

　まずは「存在価値」の説明とつくり方です。「存在価値」を間違えて設定してしまうと、ブランドをつくる難易度はものすごく上がります。それくらい「存在価値」はブランドの土台の中でも、一番重要です。

「存在価値（ブランドアイデンティティ）」とは、すなわち、あなたの企業や商品が「なぜか、こだわっている」こと、別の言い方をすると、あなたの「企業・商品らしさ」になります。「憧れていること」「差別化されていること」ではなく、「こだわっていること」を存在価値にするのが、教科書ブランド論と一番の違いで、実務家ブランド論のポイントです。

「なんとなくうちの会社らしい」とか「商品のこの部分は競合に負けたくない」とか「創業者がなぜかこだわっていた」等々あるのではないでしょうか。そして多くの場合、関係者にとっては当たり前すぎて、大したことないと思いがちです。そもそも気づいていないことも多いです。

　繰り返しますが、**他の企業・商品と差別化されている必要はありません。**教科書ブランド論の方法でやってみて間違えてしまうのは、差別化とか、約束とかを、存在価値を決めていく時

に同時に考えてしまうからなのです。

　この点については、これまでくどいほど繰り返してきました。ほとんどの企業やたいていの商品は平凡な存在、人間でいえば凡人です。あなたの企業・商品には、素晴らしい特長や才能はそもそもありません。他の企業・商品との違いもほとんどありません。Appleやスターバックスに憧れるのはやめましょう（しょせん、私たちは凡人です！）。

　教科書ブランド論に載っている方法を実務に取り込もうとするのは、凡人のくせに天才のマネをするようなもので、うまくはいきません。

「存在価値」を決めるときに、素晴らしい特長や自分たちにしかない才能を探そうとする、つまり、そもそもない物を探そうとするから、間違えてしまうのです。

　この、存在価値を決めるときには、社内だけ、関係者だけで進めるとうまくいきません。当たり前になっているがために気づかないことが多く、そのこだわりには価値がないと思い込んでいます。そこは重要ではないと考えてしまい、企業が本来持っている存在価値を見落としがちです。
　存在価値を考えるときは、社外の人、関係者ではない人と一緒に検討しましょう。

「なぜか熱量を持って語ってしまうこと」
それこそが存在価値

　今から例を使って、実務家が「存在価値」を考えるやり方を説明します。

　あなたが、煎餅屋の店主だったとします。

　世の中には美味しい煎餅が溢れているので、美味しい煎餅づくりに毎日励んでいるだけでは儲かる店にはなりません。美味しい煎餅をつくることだけでなく、ブランドづくり（あなたのお店の煎餅のことを知ってもらって、なんとなく好きになってもらうこと）にも頑張らないと儲けることはできないのです。

　まず社外の人に、あなたの商品と競合商品の好きなところや良いところについて、できるだけ正直に話してもらいます。つまり「勝手に、人任せで、できたブランド」を聞いてみてください。その話の中で、自分がなぜかうれしいと思うところや、よくぞわかってくれたと感じるところがある一方で、わかっていないなと憤慨するところがあるはずです。

　次に、あなたが、社外の人に説明をする番です。

「なぜ煎餅屋をはじめたのか？」（ケーキ屋やラーメン屋など、いろいろ商売はあるのに、煎餅屋を選んだ理由はなぜ？）。「最初の商品はどんな商品？」「どうやって開発してどこにこだわったの？（味付け？材料の米？サイズ？焼き方？）」等々を説明します。

自分が一番熱心に説明してしまうところ、それこそがまさにポイントです。

　そんな大したことではないのに、なんで熱く語れるのだろう？と外の人に思われてもまったくかまいません。必要なのは、そこまで語ることができるあなたの熱量です。

　外の人の説明を聞いてうれしいと思ったこと、わかっていないけれどわかってほしいと思ったこと、自分がなぜか熱量を持って語ってしまうこと、これこそがあなたの商品の「存在価値」です。

　煎餅屋の店主が、外の人と一緒にこの方法論を試してみたとします。
　話をしながら、いろいろ考える中で、あえて言うならば、なんとなく「醤油煎餅にこだわりがある」「醤油煎餅では負けたくない」という思いが出てきました。店主は自分の煎餅について思いをめぐらしながら、外の人に向けて話した結果、そのことにやっと気づきます。たとえ隣の煎餅屋も醤油煎餅にこだわっていたとしても、自分のこだわりがそこにあるのなら、それが存在価値です。そこに気づくこと、それがブランドづくりの第一歩です。
　繰り返します、差別化はいりません。一見大したことのないことでよいのです。それなのに差別化やきれいごとを意識して、「世界一美味しいことを目指す煎餅屋」にするからうまく

いきません。

　企業や商品が「こだわっていること」であること、が何より
も大切なのです。

.

　うち（煎餅屋）は、醤油煎餅も塩煎餅もつくっています。正
直、世界一美味しいはずはないし、そもそも世界一を目指して
はいないので、その努力もしていません。

　でもお客さんから「おたくの醤油煎餅は美味しい」と言われ
ると、「おたくの塩煎餅は美味しい」と言われるよりも、なぜ
かうれしい。「他の店の塩煎餅の方がおたくの醤油煎餅よりも
美味しい」と言われても別になんとも思わないけれど、「他の
店の醤油煎餅の方が美味しい」と言われると、なんかムカつ
く。存在価値は、この「こだわっていること」を核として決め
るべきなのです。

これほどまでに存在価値が最重要とこだわる理由

　ではなぜ、存在価値に一番こだわらないといけないのでしょ
うか？ブランドづくりにはとにかく、時間がかかります。

　ブランドづくりとは、生活者の頭の中に企業や商品の妄想を
つくること。これは、「あなたの商品のことなどまったく興味
ない人」の頭の中に「あなたの商品の目指すイメージ」をつく
るという地道な取り組みです。

　徐々に浸透していくものであり、一気呵成にというわけには

いきません。だからこそ、腹落ちしている存在価値でないといけないのです。**自分が本当にこだわっていることでないと、続けられないからです。**

仮に教科書ブランド論に書いてある方法で、「世界一美味しい煎餅をつくる」ことにしたとします。そして店の看板にも大きく「世界一美味しい煎餅を目指す煎餅屋！」と書きました。でも、あなたも店員も心の中では、「本当はそんなこと目指してないんだけどな〜」と思っています。お店で煎餅を焼いたり、お客さんに販売する日々の中で、毎日店の看板を見ては、「こんなの意味があるのかな」と違和感を抱いています。

そのうち煎餅屋の店主が変わると、「この看板で本当にいいのかな？」と言い出すでしょう。すると店員みんなが「やっぱり、これではだめですね」となり、また別の存在価値を探します。新しい次の看板は「SDGsにこだわる煎餅屋」かもしれません。こうして、「世界一美味しい煎餅屋」の看板は下ろされてしまいました。

わかりますよね。次の看板もいずれ下ろされる運命です。すぐに看板が変わってしまっては、時間をかけないといけないブランドづくりなどできるはずがありません。

これが「醤油煎餅にこだわる煎餅屋」という看板だったらどうでしょう？かっこよくはないですが、自分たちが本当にこだわっていることだから違和感がありません。それどころか、「なんとなくうれしく誇り」に思ったりします。この看板は店

主が変わってもずっと掲げられるでしょう。

　ブランドづくりは地道で時間のかかる作業です。存在価値が変わってしまうと、そのたびに最初からやり直しになってしまいます。生活者の頭の中にブランドができる前に、やっぱりだめだからとつくりかえたり、存在価値をつくったとたんに神棚に上げて何もしなくなってしまうのは、本当はこだわっていないことを存在価値に決めてしまうからです。

　そして、このようなブランドづくりは間違いなく失敗するのです。

　ただし、**存在価値（ブランドアイデンティティ）だけ決めたとしても、儲かるブランドづくりはできません。**

　当然のことながら「醤油煎餅にこだわる煎餅屋」だけをそのまま看板に書いても、儲かりません。儲かるブランドにするために、次の「②約束（ブランドプロミス）」が役割を果たします。この約束の定義こそが、企業や商品のことを一番知っている実務家の腕の見せどころとなります。

凡人の「存在価値」を
意味あるものに変換するのが、「約束」

　ブランドの土台づくりにおける実務家の腕の見せどころ！

　それは、土台づくりで最も難易度の高い「約束」を正しく決めることです。

　ブランドの土台である①存在価値（ブランドアイデンティティ）②約束（ブランドプロミス）③人格・個性（ブランドパーソナリティ）の３つの中では、①「存在価値（ブランドアイデンティティ）」が一番重要と説明しました。しかしながら、「存在価値」を定めただけでは、儲かるためのブランドづくりはできません。

　さらに、「約束（ブランドプロミス）」をしっかり正しく定義することによって、儲かるためのブランド（妄想）づくりができるようになります。

　「ブランドプロミス」とは文字通り、あなたの企業・商品が生活者に約束すること。

　ここで大切なのは、そもそも生活者はあなたの企業・商品と何か約束を交わしたいなんて、これっぽっちも思っていないこ

とです。それなのに勝手に「約束」を決めて、交わしたいわけですから、この「約束」は生活者にとって相当に意味のあるものでなければなりません。

　つまりは、あなたの企業や商品が「なぜか、こだわっていること（存在価値）」を「生活者にとって意味のあるものに変換」することで、「約束」をつくる必要があるのです。

　本来は、わざわざ変換なんかしなくても「存在価値＝生活者にとって意味あるもの」である状態が理想です。そして、Appleやスターバックスなど、ブランド論の教科書に出てくるスーパースターブランドでは、「存在価値＝生活者にとって意味あるもの」になっています。でも、これはスーパースターだからこそ。

　凡人が、生活者にとって意味ある「存在価値」を持っていることは、ほとんどありません。だからこそ、最初に決めた「存在価値（企業・商品らしさ）」を「約束」へ変換する必要が出てきます。

あなたの企業が世の中からなくなって、生活者が損をすることはある？

　具体的に事例を用いながら、どのように約束を決めていくかを説明します。

　あなたが仮に生活者から

「あなたの企業・商品が世の中からなくなっても、他の企業・

商品があるので、私はまったく困らないと思う。どんな損をすることがあるの？」
「あなたたちが存在することで、私に対してどんなよいことができると（自分勝手に）思っているの？」
　と質問されたとします。あなたはどう答えますか？

　実は、この時の答えこそが、「約束」になります。

　では、ここでも煎餅屋の店主の例で考えてみましょう。

　煎餅屋の店主であるあなたは、自らの存在価値（ブランドアイデンティティ）が「醤油煎餅へのこだわり」であることに気づきました。これで、存在価値は決まりです。

　しかし、もちろんこれだけでは、儲かる「ブランド」はできません。なぜなら、あなたが醤油煎餅にこだわるのはあなたの勝手で、生活者には意味のないことだからです。他にも美味しい醤油煎餅屋はいっぱいありますし、わざわざあなたのお店に行かなくても、コンビニに行けば安くて美味しい醤油煎餅が手に入ります。

　そんな中で、あなたのお店の煎餅のことを知ってもらって、なんとなく好きになってもらうためには、どんな「約束」をつくればよいのでしょうか？

ここで、煎餅屋の店主であるあなたは、「あなたの煎餅が世の中からなくなっても、他の煎餅があるので、私はまったく困らないのだが、私にとってどんな損をすることがあるの？」「あなたの煎餅が存在することで、私に対してどんなよいことができると、（自分勝手に）思っているの？」という生活者からの質問に対する答えを考えました。

　そして、あなたは思い出しました。生まれ故郷の山形県で昔食べていた、地元特産の醤油にこだわった、おばあちゃん手作りの煎餅のことを。幼い頃に食べた、あの醤油煎餅の味が忘れられない。山形県の醤油を使った醤油煎餅が日本で一番美味しいと、自分は思っている。だから自分は山形の米と醤油を使い、手焼きにこだわっているのだ、ということに気づきました。

　さて、ここで質問と答えを整理しましよう。

　Ｑ．どんな損があるのか？
　Ａ．日本一美味しい山形の醤油煎餅を知らずに死んでいく。
　Ｑ．どんなよいことがあるのか？
　Ａ．あなたの人生で、一番美味しいと思う煎餅が食べられる。

　つまり、「約束」は「山形県の米と醤油にこだわる醤油煎餅が日本一美味しい。だから、あなたもこの醤油煎餅を食べたら絶対に美味しいと思い、満足すると思う」です。
　もっとすごい約束とか、爆発的に儲かりそうな「約束」を期

待された方がいるかもしれませんが、凡人商品ですから、そもそも立派な約束などできません。

　でも、この「約束」は山形県出身の人にはすごくうれしいのではないでしょうか。他の煎餅屋さんがなくなってもかまわないけれど、あなたの煎餅屋はなんとなく残ってほしい、そんな気持ちを持ってもらえるのではないでしょうか。すると山形県出身ではない人も、「そんなに美味しいというのなら、一度食べてみよう」と思ってくれるのでは？

　爆発的に儲かるための「約束」をつくるのは凡人にはそもそも無理ですが、この例のようにそこそこ儲かるブランド（妄想）をつくることはできるのです。

日本にもスターブランドは存在する!?

　ところで、この煎餅屋のような愚直な「約束」を、どこかで聞いたことがあると思った人もいるのではないでしょうか？

　それは、創業○○年の歴史ある「老舗」と言われる存在です。

　これまで私は「日本にはスーパースターブランドがない」と断言してきました。でも「スターブランド」であれば、日本に存在します。万人に愛されるスーパースターブランドではなく、限定された人、地元で愛される等のスターブランドです。

　『広辞苑』では、老舗とは「先祖代々の業を守りつぐこと。そして先祖代々から続いて繁盛している店。また、それによって得た顧客の信用・愛顧」と書かれています。

老舗の店主の多くは、ブランドアイデンティティとかブランドプロミスなど考えたこともないと思います。でも無意識のうちに、先祖代々の自分たちの存在価値と約束を愚直に守り続けた結果、自然（勝手）に顧客の頭の中に「信用と愛顧」という妄想（ブランド）ができあがっていると言えます。

凡人ブランドの「約束」は、簡単にはつくれない

　さて、話を凡人のブランドづくりに戻しましょう。

　ここまで、約束のつくり方について説明してきました。まとめると、約束のつくり方には大きく2つの方法があります。

　ひとつはスターブランドの例にあるように「存在価値」に意味があると信じ切って言い通すことで、「存在価値」を意味のあるものに変換する方法。山形県の醤油煎餅が本当に日本一美味しいのか？は、誰にもわからないけど、そう思っているのだから「約束」する。

　凡人の「存在価値」ですから「約束」を意味のあるものにするためには、当然時間が必要です。言い通し続ける、こだわり続けなければなりません。

　このように「存在価値」と密接にかかわる「約束」は強いです。長くこだわり続けた凡人企業や凡人商品の中から、スターブランドが生まれる理由は言い続けることで「存在価値」＝「約束」と思う人が増えていくからです。

２つめの方法とは「存在価値」と「今は、なんとなくやっている事実」を組み合わせて、生活者が「意味のある」と思ってくれる「約束」をひねり出し、新たにつくり上げること。これは、実務家ブランド論ならではのやり方になります。力ずくですから、さらに難易度は高くなるのですが、残念ながら凡人の場合、こちらの方法が必要になることが多いのです。

　つまり、あなたはなんとなく醤油煎餅にはこだわっている（凡人の存在価値）。

　ただ醤油も特別なものを使っているわけではないし、お米にこだわっているわけでもない。自分が美味しいと思うものをつくっている。値段もリーズナブル。そんなに大量に売れないから、機械化せずに手作業・手焼きでつくっている。これが「今なんとなくやっている事実」です。

　世の中には、そんな商品の方が多いのです。

　これだと「どんな損があるのか」、はたまた「どんなよいことがあるのか」という質問に対して、まったく答えが思い浮かびません。

　こんな凡人の中の凡人のような煎餅が、何を「約束」できるのでしょうか。何とかひねり出さないと、「約束」をつくれませんよね。

　存在価値である「醤油煎餅へのこだわり」と、今なんとなくやっている事実の中から、たとえば「手作業・手焼き」の部分を結びつけて「約束」を強引にひねり出し、新たにつくり上げるというのはどうでしょう。

手作業ですから、工場でつくる煎餅と違って、醤油の塗り方や焼きむらがあります。一般的な価値観である一定の品質が担保されているという点では、本来マイナスに見える要素を、意味のあることに変換するのです。

　変換すると以下のようになります。

　私（煎餅屋の店主）は、醤油煎餅の味について世の中が気づいていないことがあると思っている。実は、醤油煎餅の好みは千差万別。人によって違うのだ。ポイントは醤油の量。しっかり醤油をつけて焼いた煎餅が好きな人もいる。ちょっぴり醤油をつけてお米の味を生かした煎餅が好きな人もいる。工場でつくる煎餅は、多くの人が「まあ美味しい」と思うであろう味に設定している。点数で言うと70点の味であり、あなたにとって100点満点の醤油の量の煎餅は、塗り方が均一ではない手作業の煎餅でないと食べられない。

　Q．どんな損があるのか？
　Ａ．あなた好みの醤油の濃さの煎餅を一生味わうことができない。
　Q．どんなよいことがあるのか？
　Ａ．あなたの人生で、一番美味しいと思う煎餅が食べられる。

　つまり「約束」は、「醤油煎餅の醤油の濃さは本当に大切。あなたの好みに100点満点の醤油の濃さの煎餅をつくります」、です。

あなたの煎餅が、「美味しい醤油煎餅を突き詰めるために、手作りで醤油の濃さにこだわっている。均一でないからこそ、自分好みの味の醤油煎餅が見つかるかもしれない。こんな煎餅屋がひとつぐらいあってもいいかも」ということに、強引に持っていくことになります（別に100点満点の醤油煎餅を食べなくても大した損ではないし、醤油煎餅の濃さで味がそこまで違うのか等々、山形県の煎餅の「約束」と比べると、無理やり感があったりして、なんか物足りないですが、凡人中の凡人ですからね。事実をもとに背伸びせずにやるしかありません）。

凡人ブランドの「約束」は、つくることよりも、守る努力が重要

　「約束」は、つくった当初は必ずしもあなたが心から大事だと思っている必要はありません。もちろん大事だとまったくは思えないことを、約束にしてはだめです。ただ「そう言われたら大事かもしれない」程度に思っていれば大丈夫、何とかなります。

　なぜなら、「約束」において何よりも大切なのは「約束を決める」ことではなく、「守るために努力し続ける」ことだからです。守る努力を続けられると思う約束でなければだめなのです。
　そのため実務家は約束をつくるときに、本当にこの「約束」を守り続けることができそうかを考え、一番守れそうなものに

決めなければなりません。そこが実務家の腕の見せどころです。煎餅屋の場合も、「あなたの好みに 100 点満点の醤油の濃さの煎餅をつくります」という「約束」を果たすために、努力をし続けることが絶対に必要になります。店主が「約束」をつくったことに満足し、今までと何も変わらずに機嫌よく醤油煎餅を焼いているだけでは、「約束」を果たすために何も努力していないことになります。それでは凡人の約束が、生活者にとって意味のあるものに変わるはずはありません。

とにかく「約束」を守るために努力し続けることが大切です。

　最初は、「醤油の濃さの違いは、そう言われればそうかな」くらいに思っていた店主ですが、「約束」したからには努力しようと、いろいろ試行錯誤をするうちに楽しくなってきました。そして、本当に醤油の濃さが大事だと思いはじめました。そこで、今までの醤油煎餅に加えて新商品を開発。新商品は、醤油煎餅の袋の中に 5 段階（しっかり～ちょっぴり）に醤油を塗り分けて焼いた煎餅が入っています。「ぜひあなたの好みの醤油煎餅を見つけてほしい」という「約束」を果たすための努力が、商品という目に見える形になります。

　こうなってくると、店主は「ぜひあなたの好みの醤油煎餅を見つけてほしい」をもっと伝えたくなって、お店に来たお客さんにはこう語りかけはじめるかもしれません。「ぜひ家族みんなで一緒に食べてみてください。本当に一人ひとり好みが違うんですよ。（たかが煎餅ですが）煎餅を食べてどの濃さが好きかで

会話がはずむ、笑顔があふれることを想って焼いています」

　ここまでくるとやっと、凡人の存在価値（なんとなくの醤油煎餅へのこだわり）であっても、生活者と「約束」を交わすことができるようになります。

　ブランドをつくる目的は、企業や商品が儲かるためです。そのためには、あなたの企業や商品のことを「知ってもらう」こと、そして頭に浮かんだ時に「なんとなく好きなイメージをつくる」ことが必要です。実務家が「存在価値」を「約束」によって生活者にとって意味のあるものに変換できれば、ブランドづくりは大きく前進します。

2-5 | 「人格・個性」を偽ると、ブランドづくりは失敗します。

　最後に「人格・個性（ブランドパーソナリティ）」の決め方です。ブランドパーソナリティはブランドの土台であるにもかかわらず、なぜか軽視されがちなのですが、「勝手に」ではなく「意図的に」ブランドをつくるためには、人格・個性（ブランドパーソナリティ）は大切な役割を果たします。

　ブランド実務家の仕事とは、「意図的」にブランドをつくることです。Appleやスターバックスのようなスーパースターではなく、私たちのような凡人企業・凡人商品が「意図的に」ブランドをつくるためには、「人格・個性」を正しく定義することがとても重要になります。

　それにもかかわらず、この「人格・個性」を「無意識に偽ってしまう企業」が多い。そして、これが原因でブランドづくりに失敗するケースが見受けられます。

「ブランドパーソナリティ」とは、ブランドづくりの判断基準になるもの

　それでは、③「人格・個性（ブランドパーソナリティ）」とは何なのでしょうか？

簡単に言ってしまえば、それはあなたが仮に生活者から、「あなたの企業・商品を人間に例えたらどんな人ですか？」と問われたときの答え。つまりは、ブランドが持つ「人格・個性」のことです。

　そもそもブランド（妄想）とは、論理的・理屈（頭で理解できる情報）ではなく、感覚的・情緒的なものです。「約束（ブランドプロミス）」を「企業・商品という物質的な存在」が、「生活者」と交わすという情緒的な関係づくりの結果でブランドは生まれます。

　「約束」というものは、相手のことがわかってなければ結べません。「この人（この人格や個性の持ち主）」であれば約束できる、「この人」であれば約束してもいいかもと、思ってもらわなければなりません。
　「約束」を交わすためには「この人」は、どんな人（人格・個性）なのかが、はっきりしている必要があります。

　そして、この「人格・個性」は、「存在価値（ブランドアイデンティ）」と同様に、あなたの企業・商品が生まれながらに、今もなんとなく持っている「人格・個性」でなければ絶対にだめです。にもかかわらず、自分たちの憧れや理想をブランドパーソナリティに設定してしまいがちです。たとえば「超真面目で保守的」な企業なのに、「チャレンジ精神にあふれた」などと定義してしまう。このように「ブランドパーソナリティ」

を偽ると必ず失敗してしまいます。

　それでは、なぜ憧れや理想を「人格・個性」に設定してしまうと失敗するのでしょうか？

　それは「人格・個性（パーソナリティ）」は、ブランドとして何かをやるときに、それをやるべきか、やってはいけないのかを判断する基準になるからです。

　私たちは他人に対して、「あの人が絶対にこんなことをするはずがない」「あの人ならやってくれるはず」といった評価や判断を下すことがあります。人間の行動や発言が、パーソナリティに基づき行われるから、このような判断ができるのです。ブランドでも同様で、自らのパーソナリティが決まると、おのずと自分が「やってはいけないこと」と「やるべきこと」がはっきりします。これが「人格・個性（ブランドパーソナリティ）」が果たす大切な役割です。
　それゆえ、「ブランドパーソナリティ」に「憧れの人格」を設定してみたところで、どうしても「企業・商品が持っている本来の人格」は隠しきれず、判断基準がぶれてしまいます。せっかく「憧れの人格・個性」を決めたのに、「本来持っている別の人格・個性」でブランドづくりの施策を判断してしまう。そしてブランドづくりそのものが失敗してしまうのです。

「ブランドパーソナリティ」の前提になるのは、「存在価値」と「約束」

　今回も、具体的に事例を用いながら、パーソナリティについて詳しく説明します。前回同様、煎餅屋のケースで考えてみましょう。

　煎餅屋の店主であるあなたは、自らの「存在価値（ブランドアイデンティティ）」が「醤油煎餅にこだわる」ことであることに気づきました。そして生まれ故郷の山形県で昔食べていた、地元特産の醤油でつくる、おばあちゃん手作りの醤油煎餅の味が忘れられないことから、「山形県の米と醤油にこだわる醤油煎餅が日本一美味しいと思っていて、あなたもこの醤油煎餅を食べたら絶対美味しいと思う」を「約束（ブランドプロミス）」としました。店主の名前は仮に、片山としましょう。

　でも、うっかりしていて、「ブランドパーソナリティ」は決めていませんでした。

　そんな折、今までのお店があった場所から立ち退く必要があり、別の土地に移転することになりました。そこで、移転先に合わせて、経営コンサルタント・建築家・デザイナーの3名にお願いして新しいお店を建てました。

　それはこんなお店かもしれません。

- 店の外観は、コンクリートの打ちっぱなしの現代風（かっこいいですね）。
- 店の内装は、日本を感じさせる京都をイメージしてデザインされており、日本の象徴である富士山の写真も大きく飾られています（外国人に受けそうです）。
- 商品パッケージは、派手なピンクの蘭の花柄模様（かわいいですね。インスタ映えしそう）。
- 看板は「KATAYAMA SENBEIYA」（前の看板は漢字で「片山煎餅屋」でしたが、古臭くて新しい店の雰囲気に合わない。英語の方がなんかいい感じだし、外語人にも読めるように、英語にしました）。

　デザイン性が高く、インスタ映えやインバウンドなどの消費トレンドに対応した素晴らしいお店です。店員さんは個性的なＴシャツを着て、「この醤油煎餅、超いい感じ〜だよ。絶対買えよ！」と熱くすすめてくれるかもしれませんね（フレンドリーでいい感じです）。

　新しい「KATAYAMA SENBEIYA」はプロモーションやPRもしっかりと意識しており、それぞれの要素はとてもよくて充実しています。悪いものは何ひとつありません。

　でも、この店で本当にうまくいくと思いますか。

　きっとうまくいかないと私は思います。その理由は、「人格・

個性」がバラバラだからです。

　そして何よりも問題なのは、その人格・個性が「存在価値」「約束」と何の関係もない「人格・個性」であることです。

　こんな店の店主から、私は「醤油煎餅にこだわる」存在で、「山形県の米と醤油にこだわる醤油煎餅が日本一美味しいと思っていて、あなたもこの醤油煎餅を食べたら絶対美味しいと思う」と言われても信じられません。「約束」を交わすことは難しいでしょう。

　店主は、どうすればよかったのでしょうか？

　まず「存在価値」と「約束」が「醤油煎餅にこだわる」であることを前提にして、ちゃんと「ブランドパーソナリティ」を決めるところからはじめなければならなかったのです。

　店主と煎餅がなんとなく持っている「人格・個性」とは、「おばあちゃんが孫のために心を込めて焼いた」という部分です。だから、「ブランドパーソナリティ」は、「素朴・やさしさ・思いやり」。人間で言うと「山形のおばあちゃん」になります。素朴でやさしく思いやりのある人として、あなたの「存在価値」を生活者に「約束」しましょう。

　つまり、あらゆる判断基準が"素朴でやさしく正直な人らしいこと"か、どうかになります。言い換えると、「おばあちゃんならきっとこうする」「こんなことはしない」という基準で

判断をしていくのです。

　すると、移転先のお店はこうなります。

・店の外観は、おばあちゃんが醤油煎餅を焼いていたであ
　ろう、山形の民家風。
・店の内装は、おばあちゃんが醤油煎餅を焼いていたであ
　ろう、田舎の台所。写真は、山形の四季がいいですね
　（美味しい山形の醤油を育んでいる山形の自然環境への
　あなたの敬意がなんとはなしに伝わるのではないでしょ
　うか）。
・商品パッケージも、「おばあちゃんならこんなパッケー
　ジを選ぶだろうなと思わせる」シンプルで素朴なもの。
・看板は前と同じ「片山煎餅屋」です。絶対に変えてはい
　けません。もちろん山形らしさはないですが、英語より
　もずっと「ブランドパーソナリティ」と合致していま
　す。別の書体の漢字を使いたくなったりしますが、おば
　あちゃんは看板をコロコロ変えるような浮わついた人で
　はありません。いったんつくった看板を素朴に守り続け
　る人です。この看板に誇りを持ちましょう。

　ところでおばあちゃんは、どんな服装だったのでしょうね。

片山煎餅屋の店員さんの服装は素朴で、おばあちゃんに似合いそうなエプロンを着けています。店員さんは「田舎の煎餅なのでお口に合わないかもしれませんが、このお煎餅が美味しいと思っていただければ本当にうれしいです」と謙虚だけど、愛を込めて醤油煎餅をすすめてくれます。

　山形の民家風のお店で、素朴な商品パッケージの醤油煎餅をこんな店員さんからすすめられると、「このお店は山形県の米と醤油にこだわる醤油煎餅が日本一美味しいと思っているのだろうな」と感じるでしょう。そして、片山煎餅屋が「約束」を果たそうと、心の底から思っていることがわかります。

「約束」を本気で果たそうとする熱意が、「人格・個性」から伝わるのです。

「ブランドパーソナリティ」が、ブランドづくりにおいて何かをやるときの判断基準になること、あなたの企業・商品が生まれながらに、今なんとなく持っている「人格・個性」でなければ、絶対ダメなことがわかっていただけたでしょうか？

　これで煎餅屋さんの①存在価値（ブランドアイデンティティ）②約束（ブランドプロミス）③人格・個性（ブランドパーソナリティ）の３つがはっきりしました。そしてブランドづくりの基礎となる土台ができたことになります。

2-6 | SDGsで、ブランドなんかつくれません！

ブランドをつくる目的は「世のため人のため地球のため」?

　ここで第2章の最後となりますが、ブランドをつくる目的について再度念押しをしておきます。

　なぜなら、ここまで読んでも「ブランドづくりの目的は『世のため人のため、地球のため（社会貢献・CSR・SDGs等々）』であり、金儲けであるという主張は時代錯誤で根本的に間違っている」と考えて、間違った土台をつくってしまう方がいると考えるからです。

　皆さん、SDGsでブランドがつくれるなどと、教科書ブランド論の幻想に惑わされていてはいけませんよ。

　あえていままでは深く言及しなかったポイントです。実はこの「世のため人のため地球のため」幻想は本当に強い。今の時代のブランドづくりにおいては、社会的な視点が必要とされていますから、今や牛の呪いよりもSDGsの呪いの方が強いと言ってもいいくらいです。今の時代のブランドづくりにおいては避けては通れないポイントであり、大切とされる社会的な視点です。きちんと補足をしておきたいと思います。

あらためて言いますが、ブランドをつくる目的が『世のため人のため地球のため』という意見は、間違っています。

　ブランドの実務家は、"ブランド大好き業界" や "SDGs大好き業界" の人たちがつくった「世のため人のため地球のため」などという、一見素晴らしく思えるブランドの目的を現実社会の言葉に翻訳して、自分の言葉で語れるようにしなければなりません。

　私は、どんな時代においても、「ブランドづくりの（最終かつ究極の）目的」は「企業や商品が儲かる」ことであると確信しています。

　皆さんは「ブランドの目的が『企業や商品が儲かる』ことというのは、時代錯誤の古い考え方で間違っている」「ブランドづくりは、お金儲けのようなレベルの低いものではなく、『世のため人のため地球のため（社会貢献・CSR・SDGs等々）』に役立つことであるべき」という主張は正しいと思いますか？
　これは一見正しそうに見えるし、ブランドの教科書では最近「SDGs」という言葉をよく見かけます。多くの方がその主張を、素直に信じていても無理はありません。前章で「私たちはブランド界ではなく、資本主義という現実世界の住人なのです。SDGsは、本業で儲けながら世界を変えることであり、儲かっていない企業に、世界を変えることなどできません」と簡単に触れはしましたが、これだけでは言葉足らずだったと思う

ので、しっかりと説明します。

実務家が陥りやすい
「省略」の落とし穴を読み解くと？

　実務家ブランド論では「教科書ブランド論においては（専門家にとってわかりきっている部分の）言葉の省略が多い。実務家は、その言葉の省略に気づかず早とちりをして間違ってしまうから、十分に注意しなければならない」という主張を続けてきました。
「ブランドの目的は金儲けなどではなく、世のため人のため地球のためである」とのご意見は、省略に気づいていないことで間違ってしまった典型的な事例です。

　では、この文章にはどんな省略が潜んでいるのでしょうか？

　省略の部分を省かずに書くと、
「（今の時代は、主に大企業やごく一部の業界の）ブランドの目的は、世のため人のため地球のため（しか選択肢がないことが多い）」となります。

　この（　）の部分の省略に気づかず、素直に読むと、
「ブランドの目的は、世のため人のため地球のためです」となりますね。大企業やごく一部の業界に限定するならば、この主張は正しいとも言えるでしょう。しかし、あくまでも特殊な場

合であり、すべての企業・商品にあてはまるものではありません。

企業を好きになるポイントは、
時代によって変化する

　では、なぜ大企業やごく一部の業界においては、SDGsでブランドづくりは正しいのでしょうか？
「世のため人のため地球のため」は長いので、最新の流行言葉である「SDGs」で説明します。ブランドをつくる（最終）目的は、あなたの企業・商品が儲かること、これはいつの時代も不変です。そして、**儲かるためには、あなたの企業・商品を「なんとなく好き」になってもらうことが必要**です。

　人が「○○」を好きになるポイントは、「○○」が変われば当然、異なります。人が「異性」を好きになるポイントと、「ポテトチップス」を好きになるポイントと、「大企業」を好きになるポイントが異なることは言うまでもないことです。そして、その好きになるポイントや基準も、時代によって変化します。重要なことは、「好きになるポイントが時代によって変化する」ことを認識し、昭和や平成ではない令和時代の好きになるポイントをきちんと理解し、そのポイントでブランドをつくることです。

　たとえば、人が異性を好きになるポイントは、時代によって変化しています。異性を好きになる際の重要なポイントのひと

つは（残念ながら）容姿です。平安時代から鎌倉時代の美人は、「しもぶくれ、たれ目、おちょぼ口、長い髪」と言われています。百人一首のかるたに描かれている姫の顔を思い浮かべてください。今の時代と美人の基準が異なりますよね。時代とともに好きになるポイントや基準が変わっていることがわかります。

　企業を好きになるポイントも、昭和から今の時代では変わってきています。

　昔は、「良いものをつくって、（安く）提供する企業」に対して生活者は好意を抱きました。今でも、小さな煎餅屋さんであれば、「良いものをつくって提供する」ことで好きになってもらえます。「醤油煎餅にこだわる」を自らの存在価値（ブランドアイデンティティ）とし、「山形県の米と醤油にこだわる醤油煎餅が日本一美味しいと思っていて、あなたもこの醤油煎餅を食べたら絶対美味しいと思う」を約束（ブランドプロミス）と決めて、努力すればなんとなく好きになってもらえそうです。

　一方で、大企業の場合はどうでしょう。今回は、巨大な保険会社を例に考えてみます。ある巨大な保険会社の存在価値と約束を、次のように仮定します。

存在価値：「困っている人を助けたい」
約束：「困っている人が求める保険を
　　　　どこよりも安く提供します」

巨大な保険会社は、この「約束」を果たそうと努力しますが、競合企業がすぐに追いかけてきます。結果的に「どこよりも安く保険を提供する」約束が果たせないケースがよくあります（煎餅屋ならともかく、巨大企業ではすぐに競合に真似をされるのです）。

　それより重要なことは、今の時代においては「安く提供することが、必ずしも好きになってくれるポイントでない」ことです。仮に「約束」が果たせたとしても、好きになってもらうのは難しいかもしれません。

「存在価値」を、
生活者が好きになってくれる視点に変換する

　好きになってもらえなさそうだからといって、「存在価値（ブランドアイデンティティ）」を変えるべきではありません。「存在価値」はブランドの根底であり、コロコロ変えてしまっては、ブランドはつくれないからです。そこで「約束（ブランドプロミス）」を時代に対応して変える。そうです、ひねり出します。

「存在価値」をその時代にふさわしい「約束」によって、生活者にとって意味のあるものに変換することで、企業や商品をなんとなく好きになってもらうことができます。

　巨大な保険会社の「約束」を変換してみましょう。

　存在価値：「困っている人を助けたい」

約束：「時代の変化で生まれる新たな課題で困っている人に
　　　　　対する新しい保険を提供します」

　昔はお金がなくてみんな困っていました。だから、とにかく
安く保険を提供してくれる会社のことを好きになりました。
　今は、かわいいペットが病気になったときの保険がなくて困っ
ていた人に、ペット用の保険をつくってくれた保険会社が好き
になる。そんな時代の変化を先取りして、新しい保険をつくり
続ける会社の方が好きになってもらいやすいかもしれません。

「約束」を守るために努力を続けることで、時代の変化を先取
りした新しい保険を次々に出し続け、生活者にそのようなイ
メージが浸透すれば、安さよりも生活者がなんとなく好きに
なってくれそうです。平成の時代の好きのポイントと言っても
よいかもしれません。
　ただし、これはすぐに競合に真似をされます。しかも大企業
ですから、組織も大きく小回りがききません。多少の努力をし
たところで、その時代に対応した保険を次々と出し続けること
ができない。そうなると、この「約束」は果たせず、生活者に
好きになってもらうことが難しくなります。
　仕方がない、もう SDGs を使うしかありません。

　存在価値：「困っている人を助けたい」
　約束：「世の中の困りごとを助けたい
　　　　　（つまり SDGs とか CSR を頑張ります）」

令和の時代においては、「世のため人のため地球のため」に努力し結果を出す企業は好きになってもらいやすいのです。大きな企業になればなるほど、生活者から、「世のため人のため地球のため」に努力することが期待されています。期待に応えることができれば、好きになってもらえる確率が高まります。

　競合の保険会社が、過去の好かれるポイントであった安さや、差別化しにくい新しい保険づくりのみに取り組んでいる一方で、この会社だけがSDGsを「約束」し、SDGsの活動にしっかりと取り組む努力を続けていたとすれば、この会社を好きになってもらえる可能性は高いのです（もちろんSDGsも競合に真似をされはじめたら、好きになってもらいにくくなることは言うまでもありません）。

「世のため人のため、地球のため（社会貢献・CSR・SDGs等々）」が流行っているからといって、この流行り言葉が必ずしもあなたの企業・商品を好きになるポイントではないのです。

　SDGsで（世の中の多くの企業・ほとんどの商品では）ブランドをつくることはできません。

　企業・商品を好きになるポイントは、企業・商品によって異なります。そして、時代によっても変化します。

　自らの企業・商品を好きになってもらえるポイントを見つけること、それがブランドの実務家の仕事であり、腕の見せどころです。

POINT

ブランドの土台とは、

「あなたの企業・商品は、どんな存在なのか」

「何者なのか」

そのために決めること

① 存在価値（ブランドアイデンティティ）

あなたの企業や商品が

「なぜか、こだわっている」こと、

「あなたの企業・商品らしさ」

② 約束（ブランドプロミス）

「あなたの企業・商品が世の中からなくなっても、

他の企業・商品があるので、私はまったく

困らないと思う。どんな損をすることになるの？」

「あなたたちが存在することで私に対してどんな

よいことができると、（自分勝手に）思っているの？」

と質問された時の答え

③ 人格・個性（ブランドパーソナリティ）

「あなたの企業・商品を

人間に例えたらどんな人ですか？」の答え

［ 第三章 ］

実務家ブランド論の
ブランドづくりの方法

3-1 | ブランド「戦略」不在の、ブランドづくりの大罪

教科書ブランド論の戦略では、ブランドはつくれません！

これまで、ブランドの定義、ブランドづくりの目的、そしてブランドの土台と、順を追って実務家ブランド論を解説してきました。

いよいよ実務家ブランド論の本題である、どうやってブランドをつくっていくのか？です。

実際にブランドをつくる際に必要となるのは「ブランド戦略」と「ブランドづくりの方程式」の2本柱です。この2本柱をしっかり理解すれば、着実にブランドづくりが進みます。

まずは、実務家ブランド論における「ブランド戦略」についてです。スーパースターブランドをお手本にしている教科書ブランド論の戦略は机上の空論なので、凡人には使えません。

でもブランド戦略なしでは、絶対にブランドはつくれません。

実務家ブランド論の、ブランドづくりの現場で実際に使えるブランド戦略を説明します。

再確認すべきは、
やっぱりブランドの「定義」と「目的」

　ブランド戦略を考える際に立ち戻るのは、やっぱりブランドの定義です。定義があいまいだったり、間違っているとブランド戦略づくりも失敗します。

　実務家にとってのブランド定義とは「(ブランドを) 思い出すきっかけに出会ったときに、知っていることに気づき、その瞬間に頭の中に自然に浮かんだ勝手なイメージ」です。

　そして「知らない」→「知っている」→「嫌いではない」→最終的に「なんとなく好き」へ変えることを目指します。

図6

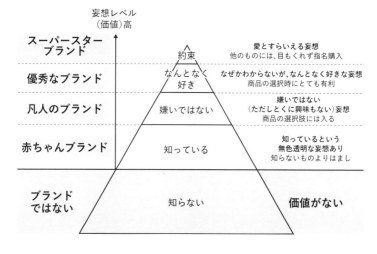

ブランドづくりの目的も同様に再確認すると、それは「お金を儲けること」です。「知っている」だけでもお金儲けはできますが、「知っている」から「なんとなく好き」へブランドのレベルが上がることで、よりお金儲けができます。

　そして、定義と目的だけを、そのまま素直にまとめると、
実務家ブランド論のブランドづくりで目指すのは、
あなたの企業・商品を、人々が「なんとなく好きなレベル」に
なることで「お金儲けを最大化」すること
となります。しかし、これだけでは人々の中でもターゲットが誰なのか、優先順位はどうつくるべきかはあいまいなままです。

　日本国民全員が、なんとなく好きになることなどありえません。だから戦略が必要になるのです。

ブランドづくりに戦略が必要な理由

　とはいえ100兆円の広告予算があれば、日本国民全員をあなたの企業や商品を「知っている」状態にすることは可能かもしれません。でも皆さんも100兆円のお金を使って、日本人全員に企業・商品を「知っている」レベルにすることには意味がないと、さすがに思うのではないでしょうか？まして日本中の人々に、あなたの企業や商品を「なんとなく好き」になってもらう必要など、まったくないのです。
　もちろん、この例えは極端です。しかしブランドの「定義」

やブランドづくりの「目的」を定義しても、正しい「戦略」がないと、何をすべきかがあいまいとなり、間違いを犯してしまうことになります。正しい戦略を考えることが必要です。

　ちなみに「戦略」という言葉も、「ブランド」と同様に、なんとなくかっこよく聞こえるので、定義がはっきりしないままに乱用されています。みんなが異なる意味で「戦略」と言っている可能性がありますから。「戦略」という言葉もきちんと定義する必要があります。

「戦略」の定義は、「目的達成のための資源利用の指針」です（尊敬するマーケターの音部大輔さんの定義。私も長い間よくわからないままに、「戦略」という言葉を使っていましたが、この定義を知ってから「戦略」の意味が明確になりました。ブランド実務家は音部さんの著書を読まれることを強くおすすめします）。

　ブランド戦略とは、「ブランド」づくりにおける「**目的達成のための資源利用の指針**」です。資源利用の指針は難しいので翻訳すると、次の３つを明確にすることになります。
　①ブランドづくりの目的を、もっともっとはっきりさせる
　　こと（日本中の人がなんとなく好きではダメ）
　②資源（人・モノ・金）がどれだけ使えるのかをはっきり
　　させること
　③何をやるのか、そして何をやらないのかをはっきり決める
　　こと

実務家ブランド論のブランド戦略は、「目的」と「資源」

　では、実際にどうやって戦略を考えればよいのでしょうか？
　まず①「目的」と②「資源」がはっきりわかるように、書き
出してください。ブランドづくりに関係する全員が、「目的」
と「資源」をしっかりと理解していることはとても重要です。

①ブランドづくりの目的をはっきりさせる
　究極の目的は、日本国民全員にあなたの商品を「なんとなく
好きなレベル」にまで引き上げることで、「あなたの商品のお
金儲けを最大化すること」です（今、この①は仮の目的です。
仮でいいのでとにかく見える化しておきます）。
②資源（人・モノ・金）がどれだけ使えるのかをはっきりさせる
　ブランドづくりに取り組むことができる人は、何人くらい社
内に存在しているでしょうか？ブランドづくりにお金はいくら
使えますか？（50万円、5億円と案件によってそれぞれ異な
ると思います）。
　使える資源（人・モノ・金）には限界があり、十分すぎるこ
となど絶対にありません。書き出すという行為によって初め
て、きちんと認識できるのです。

　これら①「目的」②「資源」をふまえて

③何をやるのか、そして何をやらないのかをはっきり決めること
　に取り組みます。

ここでは、実務家ブランド論のブランド階層図（P.139 図６）を使います。

　この階層図をながめながら、③「やることと、やらないこと」を決めるのです。そうすると、いろいろなことが見えてきます。

そもそも、ブランドづくりをしようとしている商品のターゲットは誰だったのか？

　たとえば、あなたの担当する商品がアンチエイジングの化粧品だとしましょう。間違いなく、ターゲットは日本国民全員ではありません。まず、ざっくり日本国民の女性としましょうか（男性だって買ってくれる可能性があるからと、未練を残してはいけません）。さすがに大学生以下の女性はターゲットではないですよね。これによって③何をやるのか、何をやらないのかにおいては、「男性と大学生以下の女性に対しては、ブランドづくりはしない」が決まります。

　現実には、もちろんこんなざっくりしたものではまったく不十分です。多くの場合、さすがにターゲットは決めているはずですが、ターゲットを広げすぎたり決めたターゲットを忘れがちなので、こちらもきちんと見える化しておきましょう。

　次にやることは、**あなたの商品がターゲットから見て、どのようなブランドとして存在しているのかを把握することです。**

階層図の５つのレベルに、各々どのくらいの人がいるかを把握します。

図７：階層別のターゲットの人数
※人数は作者が想定したものです。

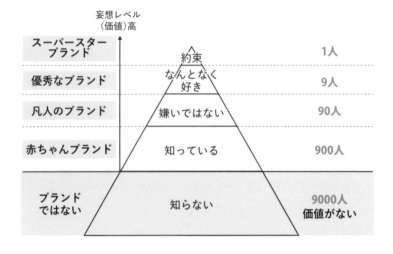

　わかりやすくするために、仮にターゲットが１万人いると置き換えた場合、

１万人の中で9000人は、あなたの商品の存在を知りません。

900人は、商品名をなんとなく知っているだけです。

90人が、商品について嫌いではないと思っています。

9人が、商品をなんとなく好きだと思っています。

そして１万人の中で、たった１人ですが、あなたの商品を超好

きな人がいる、とします。

　この階層図（図７）では、上の階層の人数が増えれば増える
だけ、より儲かるようになります。
　つまり、
A：レベル１（知らない）の人をレベル２（知っている）へ
　　変化させることでも、
B：レベル２（知っている）の人をレベル３（嫌いではない）
　　へ変化させることでも、
C：レベル３（嫌いではない）の人をレベル４（なんとなく
　　好き）へ変化させることでも、
すべて、ブランドの価値が上がり、そしてより儲かることにつ
ながります。

　すなわち①の目的を達成するためには、A・B・Cの３つの
方法があり、すべて正しい方法なのです。
　すべて正しい方法ですが、ここまで具体的になってくると
A・B・Cの３つを同時に実行するには、お金や人や時間が
足りないことが見えてくるのではないでしょうか？

　だから、
③何をやるのか、何をやらないのか、を決めるのです。
　そのためには、A・B・Cの３つのどれをやるのかを明確に
する必要があります。それを検討し勇気を持って決めるのが、
ブランド戦略の一番重要なポイントです。

判断する基準はさまざまです。Aに取り組むにはお金が足りないのであれば、Aをやるべきではありません。さらに短期的な成果が求められているのであれば、残るB・Cの中で成果が出るまでに一番時間がかからないと思われる方を選ぶ必要があります。

　Bの方が、短期的な成果が得られるとすれば、Bを優先して取り組みます。同時に、A・Cはやらないことも明確にします。**実はやることを決める以上に、やらないことを決めるのが何よりも重要なのです。**知っている人を「単に知っているけど何のイメージもない」状態から、「嫌いではないイメージ」へ変えることにすべてを集中するわけです。

　そしてこの③「何をやるのか、何をやらないのか」を決めると同時に、①の目的を、「世界中の人々が『あなたの企業・商品を世界中の人がなんとなく好きなレベル』になることで『お金儲けを最大化』する」から、「知っている人を嫌いではないイメージ」に引き上げることで「お金儲けを最大化する」に修正しておきましょう。

　繰り返しになりますが、A・B・Cのすべては正しい方法です。そこから最善の方法を探し、やることとやらないことを決めます。世の中のブランドづくりが失敗するのは、A・B・Cの優先順位があいまいなままに、場当たり的にA・B・Cそれぞれ個別の施策で取り組むからに他なりません。

実務家のブランドづくりの２本柱のひとつが「ブランド戦略」です。正しい戦略で、しっかりとかつ着実にブランドをつくります。

3-2 | そもそもブランドはどうやってできる？

　次は、もうひとつの柱である「ブランドづくりの方程式」についてです。

　ブランド戦略を正しく定義したら、続いて方程式に基づいたブランドづくりをすすめます。まずは「そもそもブランド（イメージ）がどうやってできるのか」というところから、方程式の説明をはじめます。

ブランドは広告でつくるものではない

　実務家ブランド論のブランドの定義は、「ブランドとは、生活者の頭の中に自然にできた勝手なイメージ（妄想）」でしたね。あえて「自然に」「勝手に」できたとしていますが、もちろん、ある日突然、生活者の頭の中に天からイメージが降ってきて、その結果として自然発生的にできるという意味ではありません。

　図8のように「企業や商品に関係するなんらかの情報」が「生活者に届き（頭の中に入って）」、そしてその結果として、それらの情報が「頭の中で処理（忘却や蓄積や誤認等）」されて、自然発生的にイメージができるのです（「ブランドづくり

図8：届いた情報が頭の中で処理されて、自然発生的に
　　　イメージができあがる

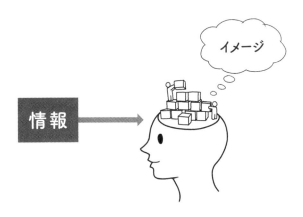

図9：企業・商品とのあらゆる接点から生活者は情報を収集する

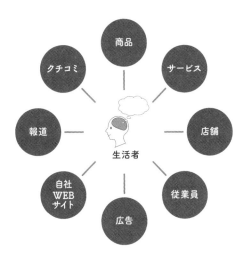

に意図的に取り組んでいないのに、梅干しにはブランドがある」とした理由もここにあります）。

そして、P.149 図9を御覧ください。この、なんらかの情報は「生活者」と「企業・商品」とが接触するあらゆる機会、さまざまな接点から伝わります。代表的な接点としては、「商品」「サービス」「店舗」「従業員」「広告」「自社 WEB サイト」「報道」「クチコミ」等です。

よく誤解されますが、ブランドがつくられるのは「広告」という接点から得られる情報からだけではありません。
情報を生活者に届けるための強力かつ有効な接点のひとつが「広告」であるというだけです。たとえば、セブン-イレブンやファミリーマート等のコンビニエンスストアは、みんなが知っています。みんなが知っているのは街にある店舗のおかげです。「広告」という接点よりも、「店舗」という接点からの情報の方が圧倒的に強いことがわかります。

ブランドづくりで目指すべきは、この「あらゆる接点」で「生活者が受け取る情報」が「常に一貫している」ことです。
すべての情報において「①存在価値（ブランドアイデンティティ）②約束（ブランドプロミス）③人格・個性（ブランドパーソナリティ）」が反映され一貫性があることで、「どの接点から受けた情報」であっても、「企業・商品が意図するイメージ」を生活者の頭の中につくることができるからです。

まず生活者との「あらゆる接点」において、「存在価値、約束、人格・個性」と合致し一貫性ある情報を発信することを考えましょう

　現実には、「広告」「商品パッケージ」「店舗デザイン」などのさまざまな接点で受ける情報がまったく異なっていたり、「存在価値、約束、人格・個性」を定義してはいるものの、これらを反映した情報発信になっていない事例が本当に多く存在しています。

図10：あらゆる接点で必要な情報の一貫性

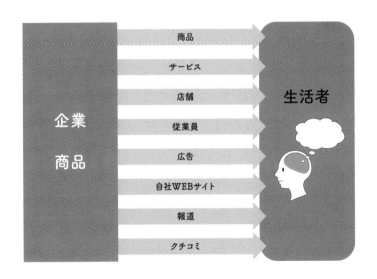

企業の発信に一貫性がないのは、
約束を果たそうと本気で思っていないから

そもそも約束（プロミス）を果たそうと本当に心から強く思っているならば、あらゆる接点の情報は自然と一貫したものになるはずです。Apple やスターバックス等のスーパースターブランドではあらゆる接点において、生活者は「存在価値、約束、人格・個人」と一貫性のある情報を受け取ります。これらのスーパースターブランドは、自分たちの約束を何が何でも実現しようとする、強い意志を持っているから、おのずと一貫性ができるのです。

逆に言うと、あらゆる接点の情報がバラバラであれば「あなたの企業・商品が、約束を果たしたいという熱意が薄く、やる気が足りないこと」をさらけ出していると言えます。そのことに生活者は敏感に気づくのです。

私たちの企業・商品は、Apple やスターバックス等と違って「凡人」ですから、必死になって意識しなければ、さまざまな接点の情報が一貫性を持つことなどできません。

ブランドがどうやってできるのかの仕組み、すなわち「接点」からの情報でブランドができることを正しく理解しましょう。

生活者とのあらゆる「接点」において、「存在価値、約束、人格・個性」を反映し一貫した情報を発信することに、意図的・積極的に取り組むことが、ブランドづくりにおける基本中の基本です。

ブランド戦略を
どのようにブランドづくりへ展開するのか？

　ブランド戦略ではっきりさせた『目的』を達成するために、**まずは基本に基づき、接点を限定することなく、あらゆる接点において何をすべきかを検討します**。本来は目指すブランドができる情報を、あらゆる接点から一貫して発信することが理想だからです。

　各々の接点でできることが最小限の施策であっても、接点が多ければ多いほどブランドづくりには有効です。同時に、**目的達成のためには、どの接点が最も効果が高いのかを考えます。そして、その効果の高い接点に最大限の資源（人・モノ・金）を使うのです**。

　今回はP.145の「A：知らない人を知っている人へ変化させる」をブランド戦略として決めた場合を例にして、どのようにブランドづくりを展開するかを説明します。

　まずは基本である、「あらゆる接点」で考えましょう。
　生活者に「あなたの商品を知ってもらう」ために、あらゆる接点において何ができるのかを検討します。
　たとえば、この商品が消費財であれば、店頭という接点で、「今までよりも品数を多く展示してもらう」こと、「多くが無理なら少しでも目立つ展示にしてもらう」ことが、目的の達成に有効です（もしB：「知っている人を嫌いではないへ変化させる」をブランド戦略として決めた場合は、「店頭の展示で目立

つ」ことよりも、「店頭で試供品を配って使ってもらう」こと
の方が目的の達成に有効です。戦略が決まり、やるべきことが
はっきりすることで、接点において何をすべきかが明確になり
ます）。

　次に、「知らない人を知っている人へ変化させる」ために、
どの接点が最も効果が高いのかを考えます。
　おそらく「あなたの商品を知ってもらう」ためには、広告と
いう接点が一番有効です。
　そこで「商品名を覚えてもらうため」の広告を実施します。
知ってもらいたい人に最も届く広告媒体は何か、伝える広告内
容はどんなものがいいのかを企画するのです。目的が明快です
から、世の中で多い、かっこいいイメージを訴求するブランド
広告をやらかしてしまうことはないでしょう。そもそも商品名
が記憶に残らない広告では目的が達成できません。商品名をで
かでかと表示した看板・チラシや、商品名連呼のテレビ広告の
方が効果的です。

　だからといって、面白おかしさを売りにした社名連呼広告が
適しているかどうかは、あなたの企業・商品におけるブランド
の土台が、どのようなものかで変わります。広告は、ブランド
の土台である「存在価値、約束、人格・個性」が反映された表
現でなければいけません。パーソナリティが「知的で誠実」な
ら、広告の表現も「知的で誠実さ」を感じるものでなくてはな
りません。インパクト重視の単に悪目立ちする社名を連呼する

広告では、あなたの商品から生活者の受け取る情報の一貫性が
損なわれてしまいます。

　ブランドの土台となる①存在価値（ブランドアイデンティ
ティ）②約束（ブランドプロミス）③人格・個性（ブランド
パーソナリティ）を反映し、あらゆる接点において、一貫した
情報を発信する。このことによってブランドをつくっていきま
す。
　そして戦略で決めた目的を達成するために、あらゆる接点に
おいて何をすべきか検討し、最も有効な接点に資源を投下する
ことが、実務家がとるべきブランドづくりとなります。

ブランドづくりは、
「方程式」に基づいて進めよう

　ブランドがどうやってできるか、理解していただけました
か?

　これから紹介する「ブランドづくりの方程式」とは、端的に
いえば「生活者の頭の中にどのようにブランドができるのか?」
という仕組みを、ブランドをつくろうと考える企業側の視点で
方法論に置き換えたものです。

　戦略を定義しても、なんとなくブランドづくりに取り組ん
でいては、ブランドはつくれません。「なんとなく」ではなく
「方程式」に基づき進めていくことが大切です。

　そうすれば、誰でも着実かつ効率的に、ブランドづくりがで
きるようになります。

ブランドを、
生活者の頭の中でどのようにつくっていくのか?

　私が、皆さんに紹介する方程式はいたってシンプルです。

　なんせ、あまり難しいと実務では使えません。

　その方程式とは「ブランド」=「情報」×「接点」。

「企業からの情報」を「生活者の接点」を通じて伝えることで、「生活者の頭」に「ブランド」ができるという図式です。

図11：生活者の頭に「ブランド」ができる図式

実務家ブランド論では「ブランド」とは、「生活者の頭の中に自然にできた勝手なイメージ（妄想）」と定義しました。「企業や商品に関係するなんらかの情報」が「生活者に届き（頭の中に入って）」、その結果として、「頭の中で処理（忘却や蓄積や誤認等）」されて、自然発生的にイメージ（ブランド）ができます（P.149 図8）。

そして、情報は「生活者」と「企業・商品」とが接触するあらゆる機会、さまざまな接点から伝わります。代表的な接点としては、「商品」「サービス店舗」「従業員」「広告」「自社WEBサイト」「報道」「クチコミ」等があると説明しました。

これらの接点を生活者の視点で、図解してみましょう。

図12：生活者から見たブランドとの接点

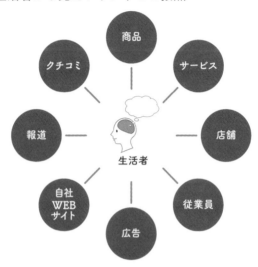

図13：企業から見た、ブランドと生活者との接点

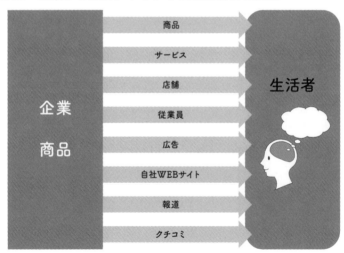

教科書ブランド論の多くは、生活者を中心に置くこの図（P.158 図12）を使っています。実務家ブランド論では、企業側の視点つまりブランドをつくろうとする実務家側の視点に置き換えた図（P.158 図13）を使うことをおすすめします。

　企業からの視点では、「生活者に〇〇〇な企業・商品と思われたい情報（目指すイメージが生活者の頭の中につくられるようにするための情報）」を、企業が持つ「生活者との接点」で伝えていくことで、「目指す」ブランドをつくっていくことがわかります。

　これを方程式にしたのが、先ほど紹介した図式（P.157 図11）です。
「情報」を「接点」を通して「生活者の頭」に届けることで「ブランド」ができることを表しています。

　つまり「目指すブランドの情報（生活者に〇〇〇な企業・商品と思われたい情報）」を、「生活者との接点で伝える」。その活動の結果としてできるのが「ブランド（生活者の頭の中のイメージ）」というわけです。

　方程式にすることでわかるのは「生活者に〇〇〇な企業・商品と思われたい情報」と「生活者との接点で伝える」の掛け算が「ブランドをつくる力」であることです。
　つまり「ブランドをつくる力」を最大化するには、「Ａ．情

報の量を増やす」こと、情報を伝えるための「Ｂ．生活者との接点の数を増やす」ことの２つをすべきなのがわかります。

　そもそも普段から、企業は自社が持つ多くの接点で生活者に情報を発信しています。しかしながら、この情報は無意識に、意図せず出しているものがほとんどなので、それだけでは意図通りのブランドはつくれません（「梅干し」が、ブランドづくりに取り組んでいるわけではないはずなのに、「すっぱい」や「健康に悪い」という頭の中のイメージ、つまりはブランドができてしまっているのはこのためです）。

　実務家のブランドづくりとは、無意識ではなく、意図的に意志を持って「生活者に〇〇〇な企業・商品と思われたい情報」を生活者との接点で伝えていくことです。

　第２章で「お金をかけなくてもブランドはつくれます。実務家によるブランドづくりはいわばお金をかけないブランドづくりです」と書きました。広告は確かにブランドづくりの強力で魅力的な接点です。しかし、実は接点のひとつにすぎないともいえます。広告にお金を使わなくても、他の接点を使うことでブランドづくりはできます。

ブランドの土台は
「生活者にどんな企業・商品だと思ってほしいか」

　ここからは、方程式の各要素について解説します。

まず「生活者にどんな企業・商品だと思われたいのか？」はもちろん、「ブランドの土台（存在価値／約束／人格・個性）」そのものです。

　あなたの企業や商品が「なぜか、こだわっていること（あなたの企業・商品らしさ）」に基づく「あなたの企業・商品が世の中からなくなっても、他の企業・商品があるので、私はまったく困らないと思う。どんな損をすることがあるの？」という問いかけへの答えが、「生活者からどんな企業・商品と思われたいのか？」の答えです。

「存在価値」「約束」「人格・個性」の３つが、ブランドの土台。この土台がしっかりしていることではじめて「生活者にどんな企業・商品だと思われたいのか」が明確になり、生活者に伝えるべき情報の内容や伝え方が決まります。土台がはっきりしていないと接点からの情報はバラバラで一貫したものにはなりません。「バラバラだった情報」が「生活者に○○○な企業・商品と思われたい情報」に集約することで、ブランドづくりにつながる情報量を増やすことができるのです。

接点は多いほどいいが、
実務家が使える接点は少ない

「生活者との接点」でも、やるべきことがあります。まず、単純に接点は多ければ多いほどいいことがわかります。「企業と生活者とのありとあらゆる接点」から「生活者に○○○な企

業・商品と思われたい情報」が伝わるのが基本であり、理想です。

　まずはあらゆる接点を使うことを考えるべきですが、とはいえ、凡人企業や凡人商品のブランド実務家が、あらゆる接点を使うことは至難の業であり現実的ではありません（Apple のようなスーパースターブランドであれば、店舗でも、商品パッケージでも、広告でもさまざまな接点で「生活者に○○○な企業・商品と思われたい情報」を感じさせます。スーパースターだからできる。できるからこそスーパースターになったのです）。

　スーパースターは、ブランドの土台が驚くほどしっかりしています。そのため仮にブランドの実務家が他部門に働きかけなくても、すべての部門において各々担当するあらゆる接点で統一したメッセージを伝えることができます。しかしながら凡人では土台がそこまでしっかりしていないので、ブランドの実務家が使える接点はどうしても限定的になりがちです。

　たとえばコンビニエンスストアのような業態であれば、「店舗」という接点が非常に効果的な接点ですし、EC のような業態であれば、WEB サイトという接点が強いのではないでしょうか。業態特性だけでなく、その企業固有の効果的な接点もあるでしょう。

　しかし難しいのは、**ブランドづくりにとって効果的な「接点」は、往々にしてその企業にとって、「ブランドづくりなんかより、もっと重要な役割を担っている」**ということです。先ほどのコンビニエンスストアの例で言えば「店舗」は当然なが

ら、より多くの商品を売ることが最優先される場です。組織の壁もあり、ブランドの実務家が「生活者に○○○な企業・商品と思ってもらうための情報」を伝える役割として、自分の思い通りに使うのは難しい。

　そこで結局は「あらゆる接点」「より効果的な接点」を検討するものの、「どのような企業・商品においても効果的な接点＝メディア」を徹底的に使うことが、実務家が上手に情報を発信するための現実的な手法となります。

　メディア（広告・自社のサイト・報道を通じた露出・口コミ等）とは、そもそも「情報を人に届ける」ことを専門とする接点です。ブランドは、情報を生活者の頭に届けることでできるものですから、この専門の接点がブランドづくりに効果的なことは言うまでもありません。実務家は、メディアを最大限に活用することが重要です（ここで言うメディアとは何か、どうやって活用するかについては、後で詳しく説明します）。

「ブランドを貯める」ことを忘れてはいませんか？

　実は、方程式にはもうひとつの構成要素があります。

　教科書ブランド論では、あまり重要視されていません。しかし実務家にとって、とても大切な要素です。それは「情報を効率的に頭の中に貯める」ことです。

「目指すブランドの情報」をあらゆる「接点から発信」する際に、その情報を「効果的に生活者の頭の中に貯める」仕掛けを

することで、「ブランドづくりの効率」が劇的に上がります。
「目指すブランドの情報」を「さまざまな接点」から、どれだ
け多く「生活者の頭に届けた」としても、それが「頭の中に貯
まって」いかなければ、目指すブランドはつくれません。

　ではどうすれば、情報が効率的に貯まっていくのでしょうか?

　第一に「Xという企業からの情報」が、「きちんとX企業か
らの情報とわかる」ことです。
「きちんとX企業からの情報とわかる」ことで「X企業の情報
を貯めておく専用の貯金箱（X企業のラベルがついた頭の中の
貯金箱）」に貯まっていきます。

　ここで、第1章の実務家ブランド論のブランド定義の完全版
を思い出してください。

　「（ブランドを）思い出すきっかけになるものに出会ったとき
に、（→知っていることに気づき→）その瞬間に頭の中に自然
に浮かんだ勝手なイメージ」でした。

　思い出す「きっかけ」とは、ブランドロゴマーク（ブランド
シンボルマーク）と呼ばれるもの。Appleのリンゴのマーク
やユニクロの赤のマークがそれに該当します。これらのロゴ
マークを見て、頭の中にある「その企業専用の貯金箱の中に貯
まっている情報」を思い出し、自然に「頭の中に生まれるイ

メージ（情報)」。それこそがブランドです。

そしてブランドロゴこそが、「頭の中にある企業・商品の貯金箱」なのです。

図14：ブランドづくりの方程式

　広告でも、商品でも、店舗でも、何であれブランドロゴがはっきりと美しく表示されていれば、生活者は「接点から受ける情報」と「ブランドロゴ」を一体で認識できます。
　このことは極めて重要です。
　なぜなら、そうすることで「きちんとどこの誰からの情報とわかり」、頭の中の専用貯金箱（ブランドロゴ）に、たとえ「異なる接点から受ける情報」であったとしても、「同一企業からの情報と認識し貯める」ことができる。すなわち非常に効率的にブランドがつくれるようになるからです（このブランドロゴについても後で詳しく説明します）。

ブランドづくりの方程式とは、「生活者に〇〇〇な企業・商品と思われたい情報」を「企業と生活者の接点」を使って生活者に届けること。さらに、生活者がその情報を受ける接点において、その情報が誰からの発信であるかを「ブランドロゴを効果的に活用」して認識させることでブランドをつくることを図式化したものになります。これは実務家ブランド論の独自の考え方です。

3-4 | 「目指すブランド」は、生活者から どんな企業・商品と思ってほしいのか！

　方程式の3つの要素である「目指すブランド」「ブランドを伝える」さらに「ブランドを貯める」について、ひとつずつより詳しく説明していきます。

「目指すブランド」とは、一言でいえば「生活者からどんな企業・商品と思ってほしいのか」です。これは、第2章で述べたようにブランドの土台（「存在価値」「約束」「人格・個性」）そのものです。実務家ブランド論では、①存在価値（ブランドアイデンティティ）②約束（ブランドプロミス）③人格・個性（ブランドパーソナリティ）の3つの項目がブランドづくりの土台であること、この3つをはっきりと定めることが最初にすべき最も重要なことであると繰り返し、述べてきました。

　この土台をどうやって定義していくのか、第2章ではわかりやすさ優先で煎餅屋を例に説明しました。重複するところもありますが、土台はブランドづくりの方程式の重要な要素です。実務家が関係者と一緒に土台をつくるときの方法を、あらためて解説します。

「ブランドの土台」を定義する具体的な方法

「ブランドの土台」を定義する具体的な方法を紹介していきます。

①検討する時に「ブランド」という言葉は使わない

「ブランドの土台（「価値、約束、人格・個性）」をはっきりさせる過程においては、社内だけ、関係者だけでやるとうまくいきません。社外の人、関係者ではない人と一緒に検討します。

　そしてこの時大切なのは、ブランドという言葉を極力使わないことです。できればブランドという言葉を使うことを完全に禁止するくらいの覚悟が必要です。

　人によって定義が異なる言葉を使ってしまうと、話が先に進まず迷走するからです。「ブランド」をよりわかりやすい言葉に置き換えて使いましょう。

②現状のブランドを明らかにする

　まずは「生活者の頭にある、あなたの企業・商品のイメージ」を冷静に共有することからはじめます。①の大切なポイントを忘れないでください。「現状のブランドの状況を共有しましょう」などと言ってはいけません。ブランドという言葉は使いません。「生活者の頭の中にあるイメージを共有しましょう」と説明してください。

　関係者ほど自らの企業や商品のことを、客観的に見ることが難しいことを忘れてはいけません。データをもとに冷静に説明

します。知名度・好感度・商品購入意向などよくあるイメージ調査の項目で十分です（調査するお金がなくても、上場企業だったら日本経済新聞がオープン調査を提供しています）。

　できれば、インターネット調査でよいので「○○（あなたの企業名）という社名を聞くと、何を思い出しますか？」という問いの回答を多く集めてください（こちらも調査するお金がなければ、ＳＮＳで企業についてつぶやかれていること等が利用できます。ちょっと偏った情報になりますが、ないよりはましです）。

　そうすると、「思っているよりも知られていない」とか、「一流評価が低い」とか、「社内では当たり前になっている事実が伝わっていない」という悲しい現実に直面します。つまり、今のあなたの企業がどんなイメージ（ブランド）なのか？ブランドの状態を正しく認識できます。

　自分たちがどう見られているかを数字や言葉で冷静に把握し、社内の人間の頭を一度冷やして、冷やした頭で土台に関する問いかけをはじめます。

③最初に問いかけるのは「存在価値」

　あなたの企業や商品が「なぜか、こだわっている」こと、別の言い方をすると、あなたの企業・商品らしさは何かを問いかけます。

「すごいこと」「差別化されていること」ではなく、「本当にこだわっていること」を定義するのが、極めて重要なポイントです。

「なんとなく、うちの会社らしい」とか「商品のこの部分だけは競合に負けたくない」とか「創業者がこだわっていたので」等々、いろいろとあるのではないでしょうか。しかしそれらは多くの場合、社内の関係者にとっては当たり前すぎて、大したことないと思いがちです。

　あらためて聞かれないと意識していないことすらあります。凡人なのに、教科書ブランドの方法論で自分たちの「素晴らしい特長」や「自分たちにしかない才能を探そう」とするものの、そんなものはなくて意見が出てきません。さきほどの調査データの自由回答も参考にしながら、まず社外の人に、あなたの商品と競合商品の好きなところや良いところについて、できるだけ正直に話してもらいます。つまり「勝手に、人任せで、できたブランド」を聞いてみてください。その話の中で、自分がうれしいと思うところ、わかっていないなと憤慨するところがあれば、そこがヒントになります。

　次に、あなたが社外の人に説明をする番です。「なぜこの商品が生まれたのか？」「どんな商品と思ってほしいのか」「この商品のいいところと悪いところ」等です。

　一番熱心に説明してしまうところがあれば、そこがポイントです。外の人から、「そんな大したことではないのに、なんで熱く語れるのだろう」と思われてもかまいません。そうです。必要なのは、あなたの熱量です。

　社外の人の説明を聞いてうれしいと思ったこと、ここだけは

わかってほしいと思ったこと、なぜか熱量を持って語ってしまうこと、これがあなたの企業・商品のこだわり、すなわち「存在価値」です。

④「約束」を定義

　次に社内の関係者に問いかけるのは、土台の３つの中の「約束（ブランドプロミス）」についてです。

　生活者から「あなたの企業・商品が世の中からなくなっても、他の企業・商品があるので、私はまったく困らないと思う。どんな損をすることがあるの？」、あるいは「あなたたちが存在することで私に対してどんなよいことができると、（自分勝手に）思っているの？」と質問されたときの答えは何だと思いますか？

　問われたところで、考えたこともないことなので、なかなか意見が出てこないはずです。意見を出してもらうためには、考えるヒントが必要になります。その**ヒントは、その企業や商品が生まれ、競争を勝ち抜き、今まで存在してきた「歴史」にあ**ります。私は、この激しい競争社会を生き抜いてきた企業や商品には、たとえ凡人企業・凡人商品だとしても、「約束（ブランドプロミス）」となる要素が必ずあると確信しています。そうでなければ生き残ることはできないからです。

　企業の場合は、生まれてきた歴史をひもとくことからスタートしましょう。創業者がどのような想いで企業を立ち上げたのか？をまず理解することが大切です。そして社是や経営理念を

もう一度何度も読み返します。いままで「無意識」にその企業が出していた、「あなたの企業・商品がなくなっても、私はまったく困らないと思う。どんな損をすることがあるの？」という問いへの答えが、なんとなく見えてくるはずです。

しかしこれだけでは不十分です。なぜなら**歴史から見つかる答えは、「過去の答え」、「今まで出してきた答え」であり、必ずしも「将来に対する答え」ではない**場合もあるからです。

では「将来に対する答え」はどこにあるか？
ここでやりがちな失敗は、何のよりどころも持たずにきれいごとや理想から、無理やり答えを考えようとすることです。
そして「人と地球が大好きで未来にチャレンジする」という答えを出してしまい、ブランドづくりにつまずいてしまいます。

それでは、どうすればいいのか。
企業であれば中期経営計画や事業計画があるはずです。そこには、これから「どんな企業になろうとしている」「どうやって事業を拡大していく」のか、つまり「これからどうやって儲けようとしているのか」が書かれているはず。そこによりどころがあります。目標数字しか書いていない場合は、まず将来計画通り事業を拡大できていると仮定します。そして実現できているとすれば、その時企業がどんな答えを出していないと実現しそうにないのか？を逆算して考えることで、よりどころが見

えてきます。

　よりどころをもとに、今まで出していた答えのままでよいのか、企業の成長にあわせて変えなければいけないところがあるのかを検討しましょう。

　商品であれば、開発者の想いや製品が生まれたときのコンセプトに「今までの答え」、今後のマーケティング戦略の中に「将来に対する答え」にヒントがあるはずです。

　大切なのは「かっこいい答え」や「憧れの答え」をでっちあげるのではなく、「もともとある答えを必要に応じて時代対応で進化」させることです。

⑤最後に「人格・個性」を定義します。

　最後に生活者から、「あなたの企業・商品を人間に例えたらどんな人ですか？」と問われたときの答えは何か？を社内の関係者に投げかけます。

　この答えについては、「存在価値」「約束」の議論を重ねた後では、かなりスムーズに出てくるのではないでしょうか。とはいえ、第2章で強調したようにあなたの企業・商品が生まれながらに、そして今もなんとなく持っている「人格・個性」にするよう注意すべきです。つい、自分たちの憧れや理想を「人格・個性」にしてしまいがちなので、油断は禁物です。「人格・個性」は、ブランドづくりにおいて何かをやるときに、それをやるべきか、やってはいけないのかの判断基準の役割も果たします。そのため、「憧れの人格」を設定してみたところで、ど

うしても「企業・商品が持っている本来の人格」は隠しきれず、判断基準がぶれることでブランドづくりが失敗につながります。

　ここまで述べてきた手順に沿って明らかになった「存在価値」「約束」「人格」「個性」がブランドの土台であり、方程式の要素のひとつである「目指すブランド（生活者に○○○な企業・商品と思われたい）」そのものなのです。だから土台がしっかりしている、つまり明確で、ブランドをつくる関係者に共有され、共通意識になっていることが、成功するブランドづくりの重要なポイントになります。

3-5 | トリプルメディアで「ブランド」を伝える

次に方程式の２つ目の要素「ブランドを伝える」について説明します。

生活者との接点でブランドづくりを進める時、どのような企業・商品であっても、ブランドづくりに効果的な接点、それが「メディア」であると紹介しました。方程式の要素「ブランドを伝える力」を強くするためにやるべきなのは、生活者とのあらゆる接点を使うことに努力しつつ、「メディア」という接点を最大限に活用することです。

ところでそもそもメディアとは何でしょうか？
そして、どうやって活用すればよいのでしょうか？

メディアとは、「情報を伝えることを専門とする強力な接点」

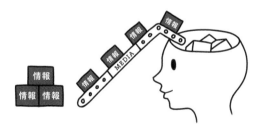

メディアと聞くと、テレビ、新聞といった昔ながらのメディアが真っ先に思い浮かぶ方が多いかもしれません。**実務家ブランド論で定義するメディアとは、「生活者の頭に情報を伝えることを専門とする強力な接点」**です。企業と生活者には多くの接点があり、その接点から情報を伝えることができますが、あくまでそれは副次的な役割と言えます。「情報を伝えることを特化している接点」は「メディア」だけです。

　かつては、「マスメディア」とよばれる、「大衆に対して大量の情報を一方的に伝える」ものが「メディア」の中心でした。しかし、今は違います。マスメディア以外のたくさんのメディアが生まれています。メディアは大衆に対して大量の情報を伝えるものだけではありません。

トリプルメディアを使い倒して伝える

　今や実務家が使うべきメディアは、トリプルメディアになります。トリプルメディアとは「オウンドメディア（owned media）」「アーンドメディア（earned media）」「ペイドメディア（paid media）」の３つのメディアのことです。この３つのメディアで「目指すブランドの情報」を「生活者の頭の中に伝えて」ブランドをつくります。このためには、各々のメディアの特徴や得意分野を知ることが大切です。

○オウンドメディア

「オウンドメディア（owned media）」は、企業 WEB サイト、企業 SNS、カタログ、商品パッケージなど、まさに文字通り「自分たちが所有しているメディア」「自らの意志でコントロールして自由に発信できる」「生活者に直接情報を届けることができる」メディアです。比較的お金がかからず、自分の言いたい情報を好きなだけ発信できるメディアですが、残念ながら、そのままでは情報が届かないことが多いのです。

たとえ立派な企業ＷＥＢサイトをつくったとしても、爆発する情報の中では埋もれている存在といえます。生活者がサイトを見にきてくれない限り、情報を届けることはできません。好き勝手につくることはできても、あくまでも来てもらうのを待つ、受け身のメディアです。

○アーンドメディア

「アーンドメディア（earned media）」は、新聞記事、WEB メディアや SNS など報道機関や生活者などの第三者が発信するメディア。第三者の客観的な情報であることから信用や評判を獲得（earned）しやすいメディアであり、アーンドメディアと呼ばれます。オウンドメディア同様、広告と比較するとお金がかからないものです。一方で、報道機関や生活者などの第三者が発信するメディアですから、企業側の思う通りにはなりません。「企業からの情報」→「生活者・報道機関に届く」→「それをわざわざ発信」の過程を経て初めて発信される情報です。まず「企業からの情報」をなんとか「生活者・報道機関へ

届ける」ことが必要ですが、その情報に興味を持ってもらえなければ、第三者の自発的発信は生まれません。企業からのコントロールがとても難しいメディアです。しかし影響力はどんどん高まっています。

○ペイドメディア

「ペイドメディア（paid media）は、お金を払って使うことができるメディア、広告です。近年は、テレビ・ラジオ・雑誌・新聞に加え、デジタルメディアでの広告活用が増えています。とにかくお金がかかることが最大の課題と言えます。お金さえ出せば情報を届けることができる唯一のメディアでもあります。ただし、情報が爆発している昨今、3つのメディアの中でも、広告（ペイドメディア）からの情報が一番"うざい"情報であり、生活者が情報を防ぐバリアが最も厚く、無意識にスルーされてしまうのです。バリアに跳ね返されてしまうと、「目指すブランド」の情報を「頭の中に届けること」はできません。お金さえ払えば何でもできる便利なメディアですが、知恵を絞ってうまく使わないと、昔よりも届かなくなっているため注意が必要です。

「情報が爆発している時代」の情報の伝え方

トリプルメディアを使って「ブランドを伝える」に際しては、今の私たちが生活している時代が「情報が爆発している時代」であることを大前提にしてください。

情報が爆発、つまり生活者の周りに情報が溢れすぎたことで、生活者は処理しきれない情報から自らを守るために、情報を跳ね返す壁を自分の周りにつくるようになっています。高くて厚い壁、情報を防ぐバリアというべきものです。この壁をつくることによって、爆発的な情報が頭の中に流れ込むことを防いでいるのです。ブランドづくりの実務家の立場から見ると、企業から発信する情報はこのバリアに阻まれて、なかなか生活者には届かないことを大前提に「ブランドを伝える」ことが重要なのです。

　たとえメディアを使ってブランドづくりの情報を伝えようとしたところで、バリアを破って頭の中に届かなければ意味がありません。トリプルメディアの特徴を知り、得意とする分野を活用して、バリアを破りましょう。**ブランドづくりの情報を**

**生活者は処理しきれない情報から自分を守るために
バリアをつくってしまう。**

「伝えたつもり」ではだめで、「伝わる」ことではじめてブランドをつくることができることを忘れてはいけません。

　そもそも生活者は、あなたの企業や商品がどんなことを考えているのか、目指すブランドが何なのかなど、まったく興味がないことを肝に銘じましょう。
「目指すブランド（存在価値、約束、人格・個性）」をそのまま無邪気に発信しても当然伝わりません。
　ブランド実務家は「存在価値、約束、人格・個性」を「生活者のまわりにある情報を防ぐバリアを破る情報」に変換して、「3つのメディアをすべて使って生活者の頭の中に届ける」ことで、「ブランドをつくる」ことに取り組むのです。

図15

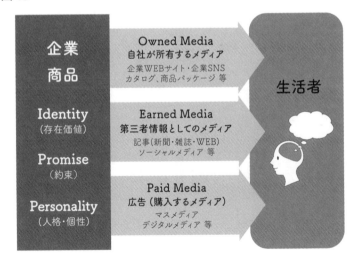

バリアを破って「目指すブランド」を届けるには？

　生活者の周りにある、情報を防ぐバリアを打ち破る方法は大きくは2つあります。

　ひとつは外から破る方法、もうひとつが中から破る方法です。

　外から破る方法は、広告（ペイドメディア）でよく使われるものです。たとえば、携帯電話の会社のテレビCMは、白い犬がしゃべったり、おとぎ話のキャラクターが登場し、見る人を楽しませてくれます。テレビCMを見て楽しいな、面白いなと思った瞬間に、生活者の情報を防ぐバリアには穴が開くのです。その瞬間を狙って、「今ならデータ使い放題！」など、企業が伝えたい情報を押し込むことで伝えているのです。

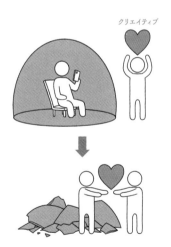

情報を防ぐ生活者のバリアに穴を開けるのは、クリエイティブの力。

このようにクリエイティブの力を使うのは広告の基本です。最大限活用しましょう。でもこの力に頼りすぎることはおすすめしません。なぜなら、世の中のすべての広告は、クリエイティブの力でバリアを破ることを目指しますが、結局のところ多くの場合、力足らずでうまく破ることができず、スルーされている悲しい現実があるからです（そもそも携帯電話の広告量はものすごく多いので、量という意味でも凡人にはとうてい無理です）。

凡人のブランドづくりにおいては、どうなるかわからない手法である、優れたクリエイティブの力だけに頼ることではなく、同時に伝わる確率・確度が上がる広告づくりに取り組む必要があります。

この確率を上げる方法はシンプルです。**確率を上げるとは、「絞る」ことと「続ける」ことです。**ブランドづくりの広告で伝えたいことは山ほどありますが、欲ばらずに絞りましょう。

まず絞るべきは「ターゲット」になります。

たとえば、日本に住む人全員をターゲットに広告をつくる場合と、あなたの住む町の小学校1年生をターゲットに広告をつくるのとでは、明らかに後者の方が伝わる確率が高くなるはずです。

次に絞るのは「伝えたいこと」です。

たくさんの「伝えたいこと」をすべて詰め込んでも、何ひとつ伝わりません。「伝えたいこと」をひとつに絞ることで、初

めて「伝わる」のです。

　そもそも、あなたの企業や商品に興味がない人に情報を届けるのですから、「ターゲットを絞れば絞る」ほど、「伝えたいことを絞れば絞る」ほど、バリアを破って情報を伝えることができるようになります。

「続ける」ことでも確率が上がります。

　とにかく「同じことを愚直に続ける」ことは効果的です。

　どのような広告であっても、多かれ少なかれバリアを破る効果はあるからです。広告は１回見ただけで内容が伝わるものではありません。何度も同じ広告（もしくは同じシリーズに見える広告）に触れることでも、バリアを破ることができます。「同じに見える広告」を続けることで、短期的な記憶が残っている、覚えかけてもらった前の広告の上に、次の広告の情報を積み上げていけるからです。少しだけヒビが入ったバリアに、次の広告で情報を押し込むことでバリアを破ることができるイメージです。

「同じに見える広告」を10年も続けることができれば、間違いなくバリアが破れる人の数も少しずつ増えて、累積効果は確実に獲得できます。広告の効果で唯一確実なのは、累積の効果であることは言うまでもありません（栄養ドリンク剤のＣＭはたくさんあるのに、「ファイト〜　一発‼」だけは覚えているのではないでしょうか）。

ただ、この確率を上げる2つの方法は簡単だけれど、実行できないことが多いのが悩みです。

　実際に「絞る」のは簡単にいきません。凡人の企業や商品では、できるだけ「多くの人に届けたい」「多くのことを伝えたい」との社内の事情等で、現実には「絞る」ことが難しいのです。

　さらに続けることができないことも多いのです。凡人の企業のくせに、「今回はなんとなくうまくいかなかったので、次はもっといいクリエイティブの広告をつくろう」とか「宣伝部長が変わったから広告も心機一転！」などと言って、毎回コロコロ違う広告に変えてしまいがちだからです。そして累積効果すら得られません。

　難しいことだと重々承知していますが「絞ること」「継続すること」こそが、バリアを外から破る効率を上げる本質的な方法であることを忘れずに、できる限り「絞り」「継続する」ことに努めましょう。

○バリアを中から破る方法
　（オウンドメディア・アーンドメディア）
　次は、バリアを中から破る方法です。こちらはオウンドメディア・アーンドメディアで使う方法になります。中から破るとは、「生活者が勝手に自分からバリアを破っていて、バリアがない状態」を意味します。自分が興味・関心のある情報を自発的に探している時には、その人の周りに情報を防ぐバリアは存在しません。

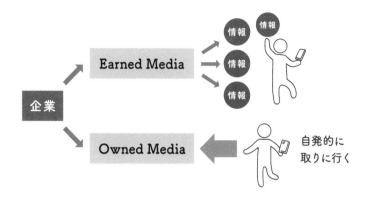

　たとえば、探している情報がオウンドメディアにあることがわかれば、わざわざ企業のWEBサイトに来てくれて、情報を見てくれます。「美味しい醤油煎餅を食べたいな」「SDGsに力を入れている保険会社はどこかな」と生活者が思って探してくれた時に、WEBサイトなどのオウンドメディアにその情報があり、その人が見つけてくれれば、情報を防ぐバリアなどなく企業からの情報が伝わるのです。

　まずは、企業WEBサイトや企業ＳＮＳに「あなたの企業・商品が世の中からなくなっても、他の企業・商品があるので、私はまったく困らないと思う。どんな損をすることがあるの？」とか「あなたたちが存在することで私に対してどんなよいことができると、（自分勝手に）思っているの？」と質問されたときの答えとなる情報をたくさん用意しておくことが基本です。

この情報も広告同様に、できるだけターゲットを絞って「ターゲットごと」につくるとさらに有効です。ざっくりと「SDGsに力を入れている保険会社です」とサイトで考え方を宣言しているだけでは不十分です。「SDGsに力を入れている保険会社はどこかな」と探す人など、ほとんど存在しませんからね。

　たとえばSDGsは、人間が地球でずっと暮らしていけるような世界をつくるための取り組みであり、その中に「貧困をなくそう」とか、「気候変動に具体的な対策を」等々の17の目標があります。ブランドの土台である（存在価値、約束、人格・個性）をふまえて、「気候変動に対してあなたの企業はどのようなことを考えて取り組んでいるのか」等を整理します。

　次に、生活者がどのような興味・関心で情報を探して検索するか？を考えてコンテンツをつくります。「あなたのブランドの土台」と「生活者の興味・関心」の両方から考えた上で、「答えとなる情報」をサイトに準備しておくのです。

　オウンドメディアは、生活者が自発的に情報を取りに来てくれない限り、情報を届けることができません。興味を持つ人が検索した際に、あなたのサイトの情報（コンテンツ）が上位に表示されないと、生活者は見つけられません。ターゲットごとにより絞った情報にすることは、検索サイトでの上位表示にもつながるため、情報を見つけてもらう観点からも有効です。

　そして今や、ブランドづくりに有効なのはオウンドメディアより圧倒的にアーンドメディアです。「アーンドメディア」の

中に、「答えとなる情報が多く存在」するための働きかけをします。

　生活者が「SDGs に力を入れている保険会社」の情報を探すときに、企業が自分から「SDGs に力を入れている A 保険会社です」と言っているよりも、WEB ニュースで「SDGs に力を入れている A 保険会社」と紹介される方が見つけてもらいやすいですし、信頼性も高くなります。それどころか情報を探すときに、自分の親しい友達の SNS で「この A 保険会社の SDGs の取り組みは素晴らしい」と発信している情報を見つけたら、一気にその会社のことがなんとなく好きになってしまうと思いませんか。

「企業からの情報」を、まずはなんとか「生活者・報道機関へ届ける」ことが必要で、そして「その情報に興味を持ってもらう」ことで、初めて第三者の自発的発信が生まれます。アーンドメディアは企業からのコントロールがとても難しいメディアではありますが、「目指すブランドの情報」がアーンドメディアの中に多く存在し、貯まっていくことはブランドづくりには有効なのです。

　アーンドメディアの中に情報が蓄積するためには、とにかく興味関心を持ってもらうための積極的な働きかけが必要です。オウンドメディアである WEB サイトや企業 SNS で積極的に発信するのはもちろんのこと、プレスリリースを使って世の中に発信していくという方法もあります。

情報発信のポイントは、とにかく「質より量が大事」です。

　もちろん他の会社の例からどんな情報発信がアーンドメディアで盛り上がったり、蓄積したりしているかと質を上げる方法について勉強することも大切ですが、それよりもまずは量をたくさん出してみることが重要です。

　急に自社のWEBサイトのコンテンツが人気になることもあったりします。また、自信満々で発信したプレスリリースが無反応だったり、ダメ元で出していた3年前のリリースから情報が拡散したりすることもよくあります。どんな情報がアーンドメディアで第三者から発信されるのか、結局のところよくわかりません。はっきりとわかるのは、**「企業が第三者に向けて発信しないと、第三者からその情報が発信されることなどありえない」**ことです。凡人はまずは、四の五の言わずに**「生活者に○○な企業・商品と思われたい情報」**の発信量を増やすことからスタートしましょう。このことがバリアを中から破ることにつながるはずです。

　実務家はトリプルメディアを使い、メディアの特徴に合わせてバリアを外と内から破る方法を利用して、目指す「ブランドができる情報」を伝えます。

貯める力を強くすることが
ブランドづくりの極意

　ブランドづくりにおいて地味ですが重要なことは、「思い出すきっかけ」と「頭の中のイメージ」をいかに「効率よく結びつけるか」です。

　せっかく「生活者に○○○な企業・商品と思ってもらうための情報」を「生活者とのさまざまな接点」を通じて伝えているのに、ちっとも「生活者の頭の中」に貯まっていかない。**多くのブランド実務家が気づかないままに「効率が悪いブランドづくり」という失敗を重ねています。**

　ブランドを「思い出すきっかけ」が重要なことは、スーパースターブランドや、「ブランド」と聞いてまっさきに思い出す、いわゆる高級嗜好品（ラグジュアリーブランド）からわかるでしょう。「Apple」と聞けば「リンゴのブランドロゴマーク」。「ルイ・ヴィトン（LOUIS VUITTON）」なら「LとVの組み合わせのロゴ」がすぐに思い浮かぶのではないでしょうか？

　これらは、ブランドシンボルマーク、あるいはブランドロゴマークと言われるものです。

　私なら、どこにでもあるような、平凡に見えるデザインのカバンに見えたとしても、「LとVの組み合わせのロゴ」があれば、「これはルイ・ヴィトンのカバンなんだ」と思います。同

時に「値段は高いのだろうな〜」とか「こんな高いカバンをわざわざ買うのだから、持ち主はファッションにこだわりある人なのかな」等々、「思い出すきっかけ」を見ただけで、自然に「頭の中にあるその商品に対する勝手なイメージ」を思いめぐらせます。

ブランドシンボルマークは「ブランドを貯める」貯金箱

　ブランドロゴマークは、企業や商品の「象徴」「シンボル」いわば「看板」です。そして「ブランド」を貯める貯金箱の役割を果たしています。

　だからこそ、ブランドの「看板」であるブランドロゴマークをあらゆる接点において正しく美しく使うことが、ブランドを貯めるための基礎になるのです。

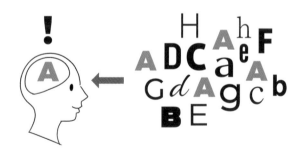

このように重要なブランドロゴマークですが、実はブランド実務家ですら、この本質的な価値を正確に理解していないことが多いのです。その結果「ブランドの看板の機能を持つ重要な要素」ではなく、「単なるマーク」と軽視され、とても雑に扱われています。

必ずやるべきことは
「ブランドロゴマークの見た目を揃える」こと

企業のロゴマークであれば、会社の受付看板、商品パッケージ、営業車、WEB サイト等々、あらゆる場面で使われています。そのすべての場面において、その「ロゴマークを見た生活者が一貫して同じ印象を受けるように表示する」ことが重要ですが、実際は驚くほどできていない企業が多いのです。

ロゴマークには、一貫して同じ印象を与えるための表現上のルールがあります。ロゴマークの見た目を揃えること、どのような接点においても"同じもの"として生活者に認識してもらうようにするためのルールです。

マークの正しい色や、形、余白（マークの周りに一定の余白をとりなさい）、最小（小さすぎるロゴは使ってはダメ）、背景色（ロゴを使うときの背景の色としてこの色を使ってはいけない）等々について細かく定められています。ロゴマークを使うときは、このルールをとにかく愚直に守ることです。そうすれば、誰が見ても同じものに見えるのでブランドづくりの効率が上がります。お金はかかりません。それだけで効率を上げるこ

とができるのですから、ロゴマークの価値を理解し、正しく扱うべきなのです。

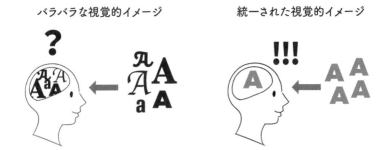

バラバラな視覚的イメージ　　　　　統一された視覚的イメージ

確かに同じ、A なのですが別のものに見えてしまう

「目指すブランドの情報」を
効率よくロゴマークに貯める

　正しく表現するのは基本ですが、それだけでは不十分です。

　最終目的は、ロゴマークを使うことで「目指すブランドの情報」をその「企業や商品」に結びつけることです。効果的に貯めるために、「情報」と「ロゴマーク」の結びつきを強くしなければだめなのです。

　そもそもテレビ CM・新聞広告・デジタル広告。どの広告を見ても、結局どこの会社のものなのかまったく記憶に残らないことが多いと思いませんか？

いくら素晴らしい情報が広告から発信されても、これでは
まったく意味がありません。「目指すブランドの情報」が「誰
からの情報」なのかわからなければ、ブランドづくりの広告と
しては、失格です。

　スーパースターブランドの広告の場合は、トーン＆マナーに
一貫性があります。「トーン＆マナー」とはブランドロゴを隠
しても、そのブランドの広告とわかるという超ハイレベルの広
告です。つまり広告表現全体でブランドの世界観や土台を表現
できていると言えます。それなのに、スーパースターの広告の
真似をしてしまい、誰からのメッセージなのかがわからない、
ブランドづくりに効果の少ない広告が目につきます。
　最低限、「誰からの広告」なのかがわからなければ、「広告の
意味」がありません。世界観というあいまいなものではなく、
凡人は堅実にブランドロゴを使い倒すべきなのです。
　ブランドロゴマークは、生活者が「企業や商品のイメージを
思い出すきっかけになる非常に重要な視覚的な要素」「ブラン
ドを貯める貯金箱」であることを、凡人こそ広告において強く
強く意識すべきです。

　具体的に広告の事例をあげて説明します。

だから私たちは
人の心と体に心地よい
空気とは何かと考え続けています。
人と空気のあいだに、いつもダイキン。

人は寝ているあいだも、
空気を吸っている。

広告（1）

　仮にこれがダイキン工業の広告であるとすれば、この広告
(1) は致命的です。

　なぜ致命的なのか。それは、ブランドロゴマークがどこにも
入っていないからです。広告コピーではダイキンと書かれてい
るので、ダイキン工業の広告と絶対にわからないわけではな
く、効果はあるにはあります。だから過ちに気づきにくいので
す。ただ、一目見てどこの広告かわからない、この広告は落第
です。

　とはいえ、世の中を見ると、さすがにブランドロゴが入って
いない広告はほとんどありません。皆さんも当然、「広告には
ブランドロゴを入れているし、こんな愚かな間違いなどしてい

広告（2）

広告（3）

ない」と思ったでしょうね。

　でも、ロゴが入っているというだけで、それでよいのでしょうか？前ページの、広告の右上（2）や左上（3）にロゴが入るデザインを用いていませんか？

　よく見る普通の企業ブランド広告には、たいていロゴが右上か左上に小さく入っています。

　では一目見て、どこの会社の広告かがわかりますか？

　私は、**スーパースターではない凡人においては、「ブランドを貯めるブランドロゴをできる限り目立たせる」**ことをお勧めします。この場合では「広告で伝えたい情報」を「ロゴマークにもっと貪欲に積極的に貯める」デザインに挑戦すべきなのです。そもそも広告はお金がかかるので、そんなにひんぱんに使えません。せっかく広告を見てもらえるチャンスがあるのなら、広告メッセージだけに知恵を絞るのではなく、ロゴマークに効率的に貯めることにも知恵を絞りましょう。

　では、どうしたらいいのか？
　広告を見たときに、ブランドロゴがシンボル（象徴）として目立つデザインこそが、本当は凡人のブランド広告にはふさわしいのです。

この広告であれば、こんな感じ 広告（4）でしょうか。

人は寝ているあいだも、
空気を吸っている。

だから私たちは
人の心と体に心地よい
空気とは何かと考え続けています。
人と空気のあいだに、いつもダイキン。

▼DAIKIN

広告（4）

©123RF

　この事例は、もちろん極論です。さらに私がこの説明用にデ
ザインして、ロゴの位置を変えているので、デザインとして完
成度が低くて、わかりにくかったかもしれません。
　先ほどご紹介した左上や右上にロゴマークが入った広告を否
定しているわけではありません。ロゴマークを広告デザインの
中心に置いた結果、ロゴが悪目立ちしてしまうこともあります
から。

ただ、世の中にはどこの企業・商品の広告かわからない広告が多すぎます。

　いくら「素晴らしい情報」でもそれが、「誰からのメッセージ」かが頭に残らなければだめなのです。「ロゴマークの色や形を正しく表現する」ことは基本であり、必ず実施すべきことです。「ブランドロゴマーク」を雑に扱うのではなく「ブランドの看板の機能を持つ重要な要素」であることを正しく理解し、「ロゴマークと情報が一体となって頭に残るようにする」ことを強く意識するだけで効率は驚くほど上がります。

　ここでは、わかりやすさ優先で広告を例にしましたが、あらゆる施策で重要な視点となります。

図16：ブランドづくりの方程式

　ブランド実務家が考えるべきは、「Ｃ．ブランドを貯める」効果を、「Ｂ．あらゆる接点」で最大化するために、いかにブランドロゴマークを効果的に使っていくかです。WEBサイトや商品カタログ、ポスターなどのあらゆる接点で、このことを

強く強く意識することで、より効率的に情報をブランドロゴマークに貯めていくことができます。

絶対にやってはいけないことは
「意味もなく新しいブランドロゴマークをつくる」こと

　ブランドロゴについてはもうひとつ、本当によくやりがちな失敗があり、こちらについても説明しておきます。**頭の中に「ブランドを貯める」ということから考えると、できるだけやらない方がいいのが「新しいブランドロゴマークをつくること」です。**新たにブランド戦略のプロジェクトが発足し、ブランドづくりに取り組みはじめる企業の多くが最初に手をつけるのは、「ブランドロゴマークを新しくすること」だったりします。

　なぜそうなるのかといえば「看板を変えると、見た目が変わる」からです。見た目が変わることで、少なくとも「変わった」ことや「変わろうとしている」ことが、関係者にはまさに一目でわかります。そして、新しいロゴマークは「その企業や商品が新たに目指す姿」をデザインしてつくられるものなので、「ロゴを見ただけで新たに目指す姿のイメージが伝わる」というわけです。しかし、このアプローチは本当に正しいのでしょうか。

　私は33年にわたり、ブランドづくりの多くの事例を見てきましたが、その結果、**ほとんどの場合は、新しいロゴをつくることに意味がなく、逆にブランドづくりにはマイナスになると確**

信しています。

　今回も、煎餅屋さんで解説します。もともとこの煎餅屋さんは
こんな看板（ブランドロゴ）を使っていました。

　山形をこよなく愛していた先代社長が引退することになりま
した。新たに就任した息子である若社長は東京生まれ東京育ち
で、山形への思い入れはありません。社長になるまでは、ＡＩ
の技術者として別の会社で働いていたので、父親の煎餅屋のこ
とはよく知りません。でも社長になったからにはと、張り切っ
て煎餅店の新しいブランドをつくることにしました。ブランド
コンサルティング会社にも相談し、コンサルタントの提案して
くれた「古臭い時代遅れの山形の醤油煎餅ではなく、勘や経験
に頼らない『最先端のＡＩを使った次世代の煎餅屋』」を新し
いブランドに採用することになりました。

そのブランドの世界観を表す新しいブランドロゴマークをつくります。おそらくこんな感じです。

　どうでしょうか？

　前のロゴマークと比べると、英語ですし、なんとなく "次世代感" を感じますね。ブランドの目指す姿をロゴマークというデザインに変換したからです。

　それでは、このブランドロゴを見て何を目指す煎餅屋さんだと感じます？と聞かれて、「最先端のＡＩを使った次世代の煎餅屋」と正しく答えられる人はいるでしょうか。それは無理です。単にロゴを新しくしただけでは、「なんとなく目指す姿を感じる」にとどまってしまうくらいがせいぜいです。

　ブランドコンサルティング会社は、新しいロゴをつくる方が儲かるから提案しますし、何より実務家にとっても取り憑かれ

るような魅力があり「新しいロゴマークづくり」には前のめり
になりがちです。なぜなら、「看板を変えると、見た目が変わ
る」効果があり、ブランドづくりの実務家が仕事をしているこ
とが一目でわかるからうれしい。普段、光の当たらないブラン
ド実務家にとっては、よほど強い意志がない限り、やってしま
いたくなる魅力ある方法です。しかもブランドづくりの教科書
には「新しいロゴをつくる」ことが、正しい方法論として推奨
されています。

　しかし、その魅力に打ち勝って、冷静に検討すべきなのは、
そもそも「新しいロゴマークが必要なのか？」ということです。

　新しくブランドロゴをつくることが、一概に悪いわけではあ
りません。ブランドの土台（存在価値、存在意義、人格・個
性）をきちんと定めて、それらをもとに新しいロゴマークをつ
くることは本来は正しい方法論です。
「最先端で次世代のＡＩを使った煎餅屋」を新しいブランドに
しようと決めたとします。まずは、冷静に今のブランドロゴマー
クを見てみましょう。今のブランドロゴは、英語のブランドロ
ゴと比べれば次世代感は少ないのですが、とはいえ別に「もの
すごく違和感がある」というほどではないと思いませんか？
　企業・商品は知られているだけで、すでにブランドといえます。
そしてブランドロゴマークは、知っていることや、嫌いではない
イメージが貯まっている大切なシンボル、貯金箱なのです。

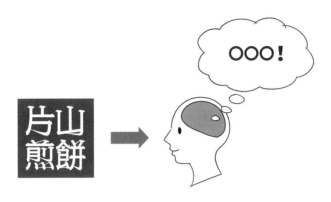

　ロゴマークを安易に変えることは、せっかくできている生活者の頭にあるイメージをゼロにしてしまうことになりかねません。貯金箱の中に入っているお金を、すべて捨ててしまう行為と同じです。

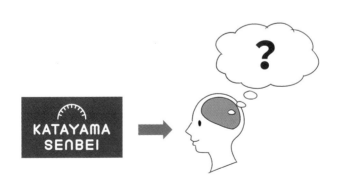

「あなたの企業や商品をすでに知っている生活者」を切り捨てることが「どれだけ大きな損失」であるかを冷静に考えましょう。もう一度あなたの企業や商品を知ってもらうことからスタートしないといけない。すごろくに例えれば振り出しにもどるのです。

「今のロゴマークをうまく使う方がよい」というのが、ほとんどの場合において正しい答えになります。新しくつくるよりも、むしろやるべきなのは、見え方を大きく変えずに今のロゴマークを微修正することです。今のロゴマークに貯まっているイメージに、新しい姿のイメージを継ぎ足すのです。

　たとえば、次世代感を出すために、右のように今よりも少し細い書体に変えたら、どうでしょうか。

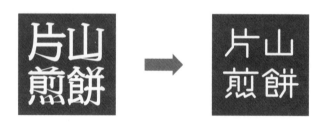

　古臭さが少し減った分だけ、目指す姿がより感じられやすくなったかもしれませんね。見た目はあまり変わりませんから、貯金箱としての役割はそのまま。今まで貯めてきた貯金は引き継がれます。ブランド価値が高いとされている企業や商品のブランド

ロゴマークの多くは、ロゴそのものは大きく変えずに、このような微修正を常に繰り返しています。貯金箱の役割を果たす「ロゴマークがどれだけ重要であるか」を知っているからです。

　ブランドロゴについて、長々と説明してきました。

　ロゴなんて些細なことでルールさえ守っていれば、それでいいとする実務家も多いのです。よほど意識しないと、凡人ブランドではあらゆる接点での情報がバラバラなだけでなく、誰からの情報なのかわからないということが普通に起こっています。ブランドのシンボルであるロゴマークを使い倒すことも実務家ブランド論ならではの方法になります。

3-7 ｜〈まとめ〉 実務家ブランド論の ブランドのつくりかた

　それでは、ここで今までお伝えしてきた実務家ブランド論と ブランドづくりの方法論を総まとめします。それはすなわち、 以下の７つとなります。

1．ブランドづくりの目的を正しく認識する（間違えない）
2．ブランドとは何かをしっかり理解、正しい定義をみんな で共有する
3．「ブランド階層図」でブランドの階層をきちんと理解し、 「なんとなく好き」を目指す
4．自分たちがどんな企業・商品なのかをはっきり決める
5．ブランド戦略を考えて、やることとやらないことを決め る
6．「ブランドづくりの方程式」に沿って効率よくブランド をつくる
7．トリプルメディアをすべて使って生活者に伝える

　この本では、世の中で信じられている「教科書ブランド論」 に書いてあることは、翻訳なしではほとんどの企業や商品では 役に立たないことをわかってもらうために、あえて極端な表 現・極論で説明してきました。

その弊害として、言葉足らずな部分や間違って認識される部分がどうしても生まれています。そのあたりも補足・修正しつつ、まとめていきたいと思います。

1. ブランドづくりの目的を正しく認識する（間違えない）

　ブランドづくりの目的があいまいであるがゆえに、ブランドをつくることが目的とならないように注意しましょう。教科書ブランド論に書いてある「差別化」は決して目的ではありません。**ブランドづくりの目的は「企業や商品が儲かる」ことです。**

　「企業や商品が儲かる」とは、単に「商品やサービスが売れる（多く売れる・高く売れる・買い続けてくれる）」ことにとどまりません。ブランドができることで、「投資家がその企業の株を買ってくれる」ことや、「他の企業がその企業と一緒に新しいビジネスに取り組みたいと思ってくれる」こと、また企業の発展に不可欠な「新たな人材を獲得できる」こと、これらすべてが「企業が儲かる」につながります。また世の中の多くのビジネスピープルが、あなたの会社をなんとなく良い会社と思ってくれる。そうすれば間接的であっても、あなたの会社の社員は自社で働いていることを誇りに思い、やる気も増すでしょう。社員のモチベーションアップも確実に「企業が儲かること」に貢献します。

ブランドづくりの正しい目的 ＝ 企業が儲かること

つまり

商品・サービスが売れる
企業の事業活動に貢献する

商品購入層	投資家・アナリスト	ビジネスピープル	協業先企業	大学生・若年層
A社の商品を買いたい	A社の株を買いたい投資したい	A社はいい会社！	A社と一緒に新しいビジネスをしたい！	A社で働きたい

　実は、ブランドづくりで最も効果が出やすいのは、インナー（社員）です。インナーは第三者と比べて自分の企業からの情報へのバリアが少ないからです。そしてよほどのことがない限り、もともと「嫌いではないレベル」のイメージを所属する企業に対して持っています。そのため「嫌いではない」が、「なんとなく好き」に変わりやすいのです。そして、より多くのインナーが「なんとなく好き」になれば、企業は儲かります。

　ブランドの目的を「企業が儲かること」としているので、短期的に商品が売れることのみを意味していると受け止められがちなのですが、ブランドができることによって達成できる中長期的、間接的な「事業活動への貢献」も当然のことながら「企業が儲かること」に含まれます。

「ブランドづくりの目的は、『世のため人のため、地球のため（社会貢献・CSR・SDGs 等々）』である」との一見正しそうな意見には注意が必要です。第２章で「SDGs で（世の中の多くの企業・ほとんどの商品では）ブランドをつくることはできません」と説明しましたが、少し補足します。まず大前提として「世のため人のため地球のため」は、大切に決まっています。さらに “今の時代” において企業規模や商品の種類を問わず、生活者になんとなく好きになってもらうためには「世のため人のため地球のため」がより効果的になりつつあります。「自分たちだけが儲ければよい」などと考えるのは、もはや論外です。継続的に利益を上げることを通じて社会に貢献することこそが重要なのです。

　実はこれは、今にはじまったことではありません。有名な近江商人の「商売は自分の利益だけでなく、買い手である顧客はもちろん、世の中にとってもよいものであるべきだ」という三方よしの考え方にあるように、長く儲け続けるために必要な不変の考えにすぎないのです。私があえて、「ブランドづくりの目的は『世のため人のため地球のため（社会貢献・CSR・SDGs 等々）』であるとの意見は間違っている」としたのは、この SDGs 等を目的と声高に主張される方の多くが、三方の中の「世間よし」の部分を極端に重視されている。それにもかかわらず、一見真っ当に見えてしまうものですから、無邪気に信じる方が非常に多いことへの警告でした。三方よしとは、「売り手によし」「買い手によし」「世間によし」の、「三方すべ

てによし」です。

　昔、小学校の校庭には薪を背負いながら読書に励む二宮金次郎の銅像がありました。そのため一般的に勤勉家のイメージが強いですね。実は机上の空論や理想論が嫌いで「どんなに理論理屈を正しく組み立てても、とにかく実際に田畑が実らなければ、何の意味もない」と考えておられたそうです。その信念に基づき農村を復興された偉大な実務家でもあったのです。二宮金次郎の言葉とされている「道徳を忘れた経済は罪悪。経済を忘れた道徳は寝言・戯れ言」との言葉を、我々実務家は決して忘れてはいけません。

　ブランドづくりの目的は儲けることであり、儲けることを忘れたブランドづくりは、寝言・戯れ言です。

２．ブランドとは何かをしっかり理解、
　正しい定義をみんなで共有する

　ブランドとは自然に、つまり自分たちの知らないところで勝手にできるものです。自然にできるものですから、よほどのことがなければ「実体・自らが持っている特徴や個性」がブランドになっていきます。ただ勝手にできるものなので、「実体」と異なる場合も当然ありえます。

　凡人のブランドづくりが失敗するのは、そもそもブランドの定義がないままに、あいまいなブランドという言葉を使うこと

210

で、人によって受け取り方や理解が違ってしまうところにあります。ブランドを正しく定義することが、ブランドづくりのスタートです。実務家にとってのブランドの正しい定義は「（ブランドを）思い出すきっかけになるものに出会ったときに、（→知っていることに気づき→）その瞬間に頭の中に自然に浮かんだ勝手なイメージ」であり、一言でいえば「妄想」です。教科書ブランド論に書かれている定義である「差別化」や「約束」は究極のブランド、スーパースターブランドのみにあてはまるものであり、凡人であるあなたの企業・商品では使えません。

　ブランドという言葉には乱用があることや、本来つけておくべき言葉が省略されていることを常に意識しつつ、正しいブランドの定義をブランドづくりの関係者と共有することこそが、ブランドづくりの成功の第一歩です。

3．「ブランド階層図」でブランドの階層を
　　きちんと理解し、「なんとなく好き」を目指す
　ブランドには階層があることを理解することなしにブランドはつくれません。
　5つの階層をきちんと理解しましょう。

■ブランド界の階層５つのレベル

①約束・絆・大好きレベル

　（絶対選択してもらえる・スーパースターブランド）

②なんとなく好きレベル

　（選択時に有利・優秀なブランド）

③嫌いではないレベル

　（選択肢には入る・凡人のブランド）

④知っているレベル

　（知らないよりはまし・赤ちゃんブランド）

⑤知らないレベル

　（この状態では妄想がない＝ブランドではない）

図17：ブランドの階層図

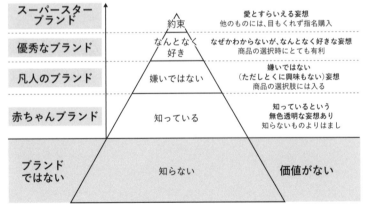

特に、**実務家ブランド論**においては、「**企業・商品が知られているだけで、すでにブランド**」としている点が極めて重要です。スーパースターだけが到達できるブランド階層図の最上位（約束・愛される）ではなく、その下の「なんとなく好き」レベルを目指すことが凡人企業・凡人商品のブランドづくりのゴールになります。

　ブランドの階層では、わかりやすさを優先するために、「スーパースターブランド」ＶＳ「凡人ブランド」と対極で説明をしてきました。実は、スーパースター（天才）でないのに、ブランド階層の最上位である「約束」や「愛されるブランド（イメージ）」が生活者の頭に浮かぶ企業や商品が存在します。この部分も補足しておきます。

　それは、変人ブランド、超個性的ブランドです。Apple のようなスーパースターブランドは「世の中のほとんどの人がその企業や商品を知っており」、「多くの人がその企業や商品に約束や愛」を感じます。変人ブランドは、世の中のごく一部の人がその企業や商品の「約束」に熱烈な愛を感じています。その一方で、残りの大多数の人からは嫌われることも多いといえます。変人といえる企業や商品は、「私の良さがわからないならそれで結構。そんな人に商品を買ってほしいとは思わない。むしろ買ってほしくない」などと言い放つ超個性的な人格を持ったブランドです。

　スーパースターとの違いは、約束・愛を感じる人の数が圧倒的に少ない。そして個性的な部分が嫌いというマイナスのイ

メージを持つ人数も多い場合があるという点になります。

　凡人企業や凡人商品は、できるだけ多くの人に知られ、できるだけ多くの人に商品を買ってほしいと考えるのが普通です。さらに凡人は、嫌われることに臆病で、買ってほしくないなどと決して思いません。ですから、凡人が変人ブランドを目指しても、やっぱりブランドはつくれない。そこであえて変人の説明は省略していました。

　教科書ブランド論の事例でよく取り上げられる、アメリカの二輪車ブランド「ハーレーダビッドソン」は、変人ブランドの代表です。ハーレーダビッドソンは、独特の鼓動感と外観を持つバイクとして、ごく一部の熱狂的な愛好者には「男らしさ」「社会的束縛からの自由」との妄想を持たれています。一方で世の中の大多数の人からは、とにかくうるさくて、ばかでかいバイクとして嫌われているのです。

　また、最近は自社で企画・製造した商品を、自社サイトで直接販売する D2C（Direct to Consumer）ブランドとよばれる商品も出てきています。自らのこだわりで商品を企画し、デジタルを通じて独自の価値を、その価値を感じる限定された生活者と一緒につくりあげる商品です。D2C は、「知っている人が少なく」「嫌われることは少ない」タイプの「変人ブランド」ともいえます。

　日本におけるスターブランドとして老舗ブランドを以前にご紹介しました。先祖代々の自分たちの「存在価値」と「約束」を愚直に守り続けていることで、お客さまの頭の中に「信用と愛顧」というブランドができあがっている。そんな老舗は人に

例えると、頑固で愚直な人、やはり変人の仲間です。

4．自分たちがどんな企業・商品なのかをはっきりさせる

　実務家ブランド論のブランドづくりとは、「勝手に」ではなく、「意図的に」ブランドをつくることです。これは、「あなたの商品のことなどまったく興味ない人」の頭の中に「あなたの商品の目指すイメージ」をつくるという地道で時間がかかる取り組みになります。

　そのためには土台をきちんと固めること、はっきり決めておくことが必要なのです。土台とは、「あなたの企業・商品は、一体どんな存在なのか？」「そもそも何者なのか？」であり、以下の３つを「正しく、はっきりさせる」ことです。

①あなたの企業や商品が「なぜか、こだわっている」こと、別の言い方をすると、あなたの企業・商品らしさ〔存在価値（ブランドアイデンティティ）〕

②生活者から「あなたの企業・商品が世の中からなくなっても、他の企業・商品があるので、私はまったく困らないと思う。どんな損することがあるの？」あるいは「あなたたちが存在することで私に対してどんなよいことができると、（自分勝手に）思っているの？」と質問されたときの答え〔約束（ブランドプロミス）〕

③生活者から、「あなたの企業・商品を人間に例えたらどんな人ですか？」と問われたときの答え〔人格・個性（ブランドパーソナリティ）〕

「存在価値」を決めるときには、素晴らしい特長や自分たちにしかない才能を探してはいけません。本当にこだわっていることでないと続けられませんから、企業や商品が「こだわっていること」を存在価値にします。「約束」は、あなたの企業や商品が「なぜか、こだわっていること（存在価値）」を「生活者にとって意味のあるものに変換」することでつくります。「人格・個性」は、ブランドとして何かをやるときに、それをやるべきか、やってはいけないのかの判断をする基準になり、本来持っている「人格・個性」でなければなりません。

「ブランドの定義は『約束』ではないけれど、ブランドの土台には『約束』が必要」という説明がどうしてもわかりにくいと感じる人も多いようです。その場合は、②約束（ブランドプロミス）ではなく、たとえば②存在意義（ブランドパーパス）を使うことをおすすめします。「土台をコロコロ変えるなんて、そんないいかげんなことでいいのか？」とのご批判もあるでしょうが、カタカナの部分がどんな言葉であるかは正直どうでもいいんです。ざっくりといえば、ブランド論の世界における宗派や時代による違いだけですから。重要なのは日本語の部分、「存在価値」と「約束」と「人格・個性」です。「この３つだけは、絶対に必要です」と今まで言ってきましたが、本当は英語同様にこの日本語の漢字も、どんなものでもかまいません。

　この３つを短く説明する時に、あなたの会社ではどんな英語、どんな漢字が一番しっくりするかを考えて使うようにしてください。

５．ブランド戦略を考えて、

　やることとやらないことをはっきり決める

　目的・定義・土台がはっきりした後に初めてブランド戦略を考えます。

ブランド戦略とは

　① ブランドづくりの**目的**をはっきりさせること

　② 資源（人・モノ・金）がどれだけあるのかをはっきりさせること

　③①②をふまえて何をやるのか、そして何をやらないのかをはっきり決めること

　です。

　ブランドづくりの目的は、お金を儲けること、つまりは事業活動に貢献することです。これは正しい目的ですが、しかしこれだけでは戦略をつくるには不十分です。

　なぜなら、この目的はいわば最終目的・大目的であって、もう少し細分化し、やるべきこととやらなくてよいことをはっきり決める必要があるからです。

　ここでは、実務家ブランド論の基礎である階層図（P.139 図６）を使います。

　この階層図をながめながら、そもそも、ブランドづくりをしようとしている商品のターゲットは誰だったのか？あなたの商品がターゲットから見て、どのようなブランドとして存在しているのかを再確認して、③「やることと、やらないこと」を決めるのです。

たとえば以下のＡ・Ｂ・Ｃは、すべてお金を儲けること、事業活動に貢献します。

　最終目的を達成する正しい戦術であるといえます。

Ａ：企業・商品を「知らない人」を「知っている」へ変化させる（ことでお金を儲ける）

Ｂ：企業・商品を「知っている人」を「嫌いではない人」へ変化させる（ことでお金を儲ける）

Ｃ：企業・商品を「嫌いではない人」を「なんとなく好きな人」へ変化させる（ことでお金を儲ける）

　お金を儲ける手段としてはすべて正しいので、どうしてもＡもＢもＣもすべてに取り組もうとしてしまいます。するとすべての対象者に対して、なんとなくブランドづくりをすることになってしまいます。しかし多くの場合、ブランドづくりに使うことができる資源（人・モノ・金）には限りがあります。ＡもＢもＣも同時に進めていては、結局どれも中途半端になってしまい、何ひとつ達成できないことになりかねません。資源がどれくらいあるのかをきちんと把握した上で、ブランドをつくるため、お金を儲けるためにまず取り組むべきなのは、ＡなのかＢなのかＣなのかを、勇気を持って決めることです。ブランドづくりはどうしてもなんでもかんでもやってしまう総花的な取り組みになりがちですから、やらないことを決めることが何より重要です。

Ａ・Ｂ・Ｃのどれを目的にするかで、どの部分を伝えるかは当然異なります。Ａの「知らない人」を「知っている」に変化させる場合、ブランド階層図でいう、「無色透明のイメージ（妄想）」をつくることが目的になります。とにかく名前を覚えてもらうことが大事ですから、たとえばテレビＣＭであれば、社名連呼の広告が効果的。この段階では、目指す姿のどの要素も伝える必要はないかもしれません。「人格・個性」くらいは意識しておきたいですが「存在価値」「約束」はまだ早いです。知らない人からいきなり、「私が人生で大事にしている価値はね」と話しかけられても、「ところで、あなた誰？」と言われてしまう状況だからです。

　Ｂであれば、「人格・個性」と「存在価値」を少し伝えてもいいかもしれません。

　Ｃであれば、「約束」を伝えるのが効果的な場合が多いでしょう。

　繰り返しになりますが、Ａ・Ｂ・Ｃのすべては正しい。そこから最善の方法を探し、決めるのです。世の中のブランドづくりが失敗するのは、Ａ・Ｂ・Ｃの優先順位があいまいなまま、場当たり的にＡ・Ｂ・Ｃそれぞれ個別の施策で取り組むからに他なりません。

　ブランド戦略なしにブランドはつくれません。ブランド戦略を考えることで、やることとやらないことはっきり決めるのです。

6.「ブランドづくりの方程式」に沿って
効率よくブランドをつくる

「企業や商品に関係するなんらかの情報」が「生活者に届き（頭の中に入って）」、それらの情報が「頭の中で処理（忘却や蓄積や誤認等）」されて、自然発生的にブランドができるのです。このことをふまえて、「生活者に○○○な企業・商品と思われたい情報」を「企業と生活者の接点」を使って生活者に届けること、さらに、生活者がその情報を受ける接点において、誰から発信された情報なのかを「ブランドロゴを活用」して認識させてブランドをつくること、これらを図式化したものがブランドづくりの方程式です。

図18：ブランド作りの方程式

「生活者に○○○な企業・商品と思われたい情報」と「生活者との接点で伝える」と「同じ場所に貯める」という３つの掛け算が「ブランド」をつくる力です。「ブランドをつくる力」を最大化するには、「情報の量を増やす」こと、あるいは情報を

伝えるための「接点の数を増やす」こと、情報を「効率的に貯める」ことの３つをすべきことがわかります。

　生活者とのあらゆる「接点」において、「存在価値、約束、人格・個性」を反映し一貫した情報を発信することに、意図的・積極的に取り組むことが、ブランドづくりにおける基本です。まずは基本に基づき、接点を限定することなく、あらゆる接点において何をすべきかを検討しましょう。同時に、目的達成のためには、どの接点が最も効果が高いのかを考えます。

　そして、その効果の高い接点に最大限の資源（人・モノ・金）を使うのです。

「生活者に〇〇〇な企業・商品と思われたい情報」とは、ブランドの土台（「存在価値」「約束」「人格・個性」）そのものです。この土台がしっかりしていることではじめて「生活者にどんな企業・商品だと思われたいのか」が明確になり、生活者に伝えるべき情報の内容や伝え方が決まります。土台がはっきりしていないと接点からの情報はバラバラで一貫したものにはなりません。

　ただ土台がしっかりしているだけでは、十分ではありません。なぜなら実務家は、あなたの企業や商品が目指すブランドの土台（存在価値、約束、人格・個性）のすべてを知ってほしいと、すべてを伝えたくなってしまいがちだからです。これは大きな間違いです。儲かることにつながるのか、厳選すべきなのです。

あらためて、ブランドづくりの目的をていねいに説明すると「生活者の頭の中に○○なイメージ（ブランド）をつくる」ことで、「商品やサービスが売れる」「事業活動に貢献する」ことになります。

　そもそも生活者は、あなたの企業や商品がどんなことを考えているのか、目指すブランドの姿がどのようなものなのかなど、まったく興味はありません。ですから「目指すブランド

**○○○なイメージ（ブランド）を
生活者の頭の中につくることで**

**商品・サービスが売れる
企業の事業活動に貢献する**

そのためには

どんな ○○○ をつくるのか

（存在価値、約束、人格・個性）」の中から、どの部分を伝えることが「商品やサービスが売れる」「事業活動に貢献する」ことに一番つながるイメージがつくれるのかを考え、伝えるべき情報を生活者の視点から厳選します。

「生活者に〇〇〇な企業・商品と思ってもらうための情報」を「生活者とのさまざまな接点」を通じて伝える場面で、効率的に「生活者の頭の中」に貯めることを意識しましょう。情報発信においては、その情報が誰からの情報なのかがわかるようにすることが大前提です。そして「誰からの情報なのか」を効率的に伝えるためにはブランドのシンボルである、ロゴマークを使い倒すことも凡人においては有効な方法です。さまざまな接点の情報をブランドの貯金箱であるロゴマークにしっかりと貯めていきましょう。

7．トリプルメディアをすべて使って生活者に伝える

　実務家が上手に伝えたい情報を生活者に届けるためには、「あらゆる接点」「より効果的な接点」を使うことを検討しつつ、「どのような企業・商品においても効果的な接点＝メディア」を徹底的に使うことが、現実的な手法です。実務家ブランド論で定義するメディアとは、「生活者の頭に情報を伝えることを専門とする強力な接点」です。ブランド実務家は「存在価値、約束、人格・個性」を「生活者の周りにあるバリアを破る情報」に変換して、「３つのメディアをすべて使って生活者の頭の中に届ける」ことで、「ブランドをつくる」ことに取り組みます。

図19

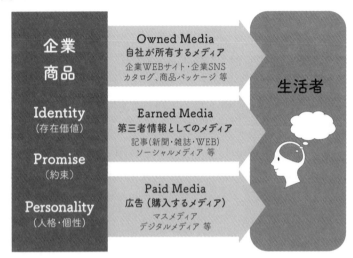

「目指すブランド（存在価値、約束、人格・個性）ができる情報」を、「届けたつもり」ではだめで、生活者の「頭の中に届く」ことで初めてブランドをつくることができることを忘れてはいけません。今や、生活者には企業からの情報に対するバリアができていますから、トリプルメディアの特長を知り、得意分野を活用し、外と中からバリアを破ることで、頭の中に情報をしっかりと届けます。

　実務家ブランド論でこの７つに取り組んでこそ、意図的・効率的に企業や商品が儲かるブランドをつくることができるのです。

田中洋教授×片山義丈

平凡な企業にとっての
ブランドは
「妄想」という
想像力から生まれる

ブランド論の「ブランド」の定義は、
本当にあいまいなのか!?

片山 ブランドづくりに携わるようになってから30余年、たくさんのブランド本を読み、ブランド戦略を論じるセミナーにも多数参加してきました。けれど、そこで得た知識やノウハウのほとんどが、実際のブランドづくりではなかなか周囲から理解されず、思うようにブランド構築が進められませんでした。自分の能力不足もあったでしょうが、他社の実務家も同じようなことで悩んでいると気づき、「ブランド論」そのものに問題があるのではないかと疑うようになったのです。

　日本マーケティング学会マーケティング本大賞を受賞した『ブランド戦略論』をはじめ多くのブランド論のご著書もある田中先生に、こんな質問をするのは失礼かもしれませんが、ちまたに出回っているブランド論の定義って、実はとてもあいまいだったりといった問題はないのでしょうか？

田中 いえいえ、おっしゃることにはとても共感します。ブランド論におけるブランドの定義は学術的にも実務的にも曖昧模糊としています。そして、これは私だけではなく他の方も指摘しています。

片山 私はそのことに気づいていなかったのです。ブランド論でよく使われている定義が唯一無二で正しいと思い込んでいました。そして「ブランドは約束である」「ブランドは差別化である」などという間違った理解をして、28年間上手にブランドをつくることができませんでした。

田中　実は、あのデービッド・A・アーカーの『ブランド・エクイティ戦略』の中にもブランドの定義については明確に書かれていません。ケビン・レーン・ケラーは『戦略的ブランド・マネジメント』の中で「有名なブランドだけがブランドである」と書いているのですが、これでは「馬から落ちて落馬して」のような、循環した定義であり、永遠に答えにたどり着きません。数名の目の見えない人が象の体の一部だけを触って感想を語り合うインドの寓話『群盲象を評す』のごとく、みんなが目を閉じて同じ象を触っても、ある人は「これは鼻が長い」ある人は「肌がざらざらしている」と議論している。専門家たちがさまざまな切り口からブランドにアプローチした結果、その定義が一致を見ないまま、ブランドの定義をあいまいにしてしまったのです。確かにこれは実務家の皆さんにとっては由々しき問題だとは思います。なにせ、人によってブランドの定義が異なるわけですから。

片山　今となっては、教科書に載っているブランド論を現実世界の言葉に翻訳して、社内外のブランドチーム内で腹落ちさせなければ、ブランドなどつくれるはずがないと感じています。

田中　片山さんの実務家ブランドの定義である「その人の頭の中にある勝手なイメージ＝妄想」とは、実務家が使う前提ではとても良い定義だと思います。ブランドの保有者・マーケティングする側が思っているブランドと受け止める側（生活者）のブランドとは異なることが多い。ブランドについて企業はいろんな情報を発信しているが、それを受け止めて再び発信する生活者からすれば、企業の狙いや意図など関係なくできてしまう

というブランドの重要なポイントを言い表しているところがいいですね。

片山　そう言っていただいて本当にうれしいです。先生がある講演で、そもそも「約束」という実務家を悩ますこの定義は何者なのかを、岡本太郎さんの言葉を例に説明されていました。これが本当にわかりやすかったので、少しお話しいただけますか？

田中　ブランドの定義のひとつに「ブランドは生活者との約束」があります。この定義を使うことで、「ブランドとはそういうものなのだ」「生活者としっかりいろんなことを約束しなければならない」となって、意思決定には有効な定義ではあるのです。定義には、「定義者が、どのような意図や意思を込めるか」というインプットと、「その定義が存在することでもたらされた事態」というアウトプット、この2つの側面があります。約束はアウトプットを定義している。ブランドは約束であるべきだということを示しているわけです。つまり岡本太郎さんが言った「芸術は爆発だ」というようなもので、あるべき姿を他の言葉で言い換えているだけなのです。

片山　講演でこのお話を聞いて、初めて私はアウトプットの定義、結果の定義であることに気づいたのです。"定義"のことを、"イコール（＝）"と機械的に読み替えて、まったく同じものであるかのように誤解していたのです。だから「ブランドづくり＝約束づくり」と間違えてしまっていた。お話を聞いた後で調べたのですが「芸術は爆発だ」とは、岡本太郎という超一流の芸術家が「作家の心の中でなんらかの爆発が起こることに

よって芸術は生まれる」「芸術を完成させるためには莫大なエネルギーが必要で、そのエネルギーは精神の爆発から生まれる」「芸術は見た人の心にも感情の爆発をつくる」こと、すなわち「芸術はあらゆる意味で爆発なのである」と表現していることがわかりました。彼の考える芸術の本質を語っている。この言葉は、芸術を別の言葉で正確に言い換えているとは誰も思わない。芸術を機械的に爆発に置き換えて「芸術に取り組む＝爆発に取り組む」とはならない。でも、ブランドの定義ではこの誤りが起こって、私に限らず「ブランドづくり＝約束づくり」となっている実務家が多いように思います。そしてブランドがつくれない泥沼にはまってしまっているのです。

田中　これらの何らかの原因や結果だけを捉えて、あることを定義とするのはあまり適切ではありません。このような定義では、ブランドとは何かという性質をうまく捉えられないからです。ブランドの語源「焼き印」から生まれる差別化という定義も同じで、ブランドというのは、区分を表す言葉なのだということだけになっています。本質的な定義論から言うと別の考え方が必要です。

片山　この本では「牛の呪い」と表現しましたが、この焼き印から生まれた「差別化」の定義を信じる実務家も本当に多い。「約束」と「差別化」は実務家を間違えさせる2大定義です。では先生のブランドの定義をあらためて教えてください。

「ブランド」の定義は、認知システム

田中　私はブランドの定義を「（商品や企業に関する）認知システム」と考えています。商品について、何かを学んだり見たり聞いたりするとそれを頭の中に埋め込んで、それを思い出し、それをもとに意思決定し商品を購入したりする。たとえば「マクドナルド」と聞いただけで、会社や店舗の名前としてだけでなく、商品の種類やそれを食べたときの印象、店内の様子などのモヤッとしたイメージの塊ができる。マクドナルドというブランドを知っているし、どういうものかわかっている。「今からマクドナルドへ行こうよ」と言われたら、「いいね、行こう」となる。それは我々の頭の中にマクドナルドはハンバーガーの店であるとかさまざまな知識があるから。これが頭の中に認知システムがあるということです。ブランド名から、その商品についてのさまざまな連想や、カテゴリー化ができることを「ブランド」と定義しています。どうですか、片山さんが定義と捉えておられることと近いでしょうか。

片山　実はその定義もすでに実務で使わせてもらってます。ブランドづくりはまさに「認知システム」。ただ実務家にとっては「認知システム」という言葉は、そのままで使うのはやっぱり難しい日本語なんですよね。特に「システム」の意味が人によって微妙に違うので、混乱の元でして。そのために「認知システム」も翻訳して「頭の中にある"たんす"の引き出し」と言い換えて使っています。ダイキンと聞いたときに、「頭の中にある"たんす"の引き出し」に「ダイキンという引き出し」

が存在して、その引き出しを開けると「高品質のエアコンをつくっている会社」「空気のことに詳しい会社」という情報が並んでいる。この引き出しづくりがブランドづくりだと。そしてどんな情報がならんでいることが、ダイキンの事業活動にとってお得なのかをあらかじめ考えて、その情報を届けないといけない。ブランドづくりとは「生活者の頭の中に（勝手な）イメージをつくる」ことであり、それはすなわち「認知システムづくり」でもあると。また、この認知システムの考え方をマーケティングの説明でも使っています。エアコンを買いたいと思って、その人が自分の頭の中にある「エアコン」情報が入っている"たんす"の引き出しを開けたときダイキンが並んでいる。できれば一番前に、悪くても三番目までに並んでいる状況をつくることを目的にしています。あえて説明しなかったのは、「生活者の頭の中に何らかのイメージをつくりだす」ことによって初めて「頭の中に引き出し（認知システム）ができる」から。実務家はこの順番が重要で順を追って理解した方がいいと考えています。

田中　確かにマーケティングやブランド担当者がやるべきことは何かというと、この引き出しづくりであり、この引き出しの中にどういう順番をつくるのか、まずは自社の商品がそこに入っている状態をつくるわけで、まさにこれは認知システムという考え方が働くところですね。

片山　さきほど、認知システムとは、さまざまな連想やカテゴリー化が生まれることであると。さまざまな連想は、まさに妄想の部分かと思います。カテゴリー化というのは、どのような

意味なのでしょうか。

田中　もともと認知システムは言語学の言葉です。われわれは
なぜ言語を使えているかというと頭の中に生まれながらに備
わっている認知システムがあるからです。この認知システムを
用いることで、世の中を見たときこれはコップだ、これは椅子
だとか見分けられる。それが生まれて初めて見た椅子だったと
しても。つまり頭の中に椅子に関する認知システムがあり、カ
テゴリー化をしているからなんですね。

片山　誰が見てもこれは「椅子」だとわかるのは当たり前と
思ってましたが、初めて見たのに椅子とわかるのは考えてみれ
ば不思議です。カテゴリー化するとブランドにとってどのよう
な意味が生まれるのでしょうか。

田中　カテゴリー化には典型性と階層性の２つがあります。最
初の典型性は、カテゴリー化によって「典型的なブランド」が
そのカテゴリーの中に存在することを意味しています。その意
味でマクドナルドは典型的なハンバーガーショップとして認知
されています。でも同じハンバーガーショップというカテゴ
リーの中には、他にもさまざまな店があります。ブランドは、
その中でどの店が典型的なハンバーガーショップなのかという
ことを、われわれに察知させます。マーケティング的には「典
型的」なブランドほど、一番最初に頭に浮かんでくるとか、選
ばれやすいというメリットを持っています。一方、日本で一
番早く誕生したハンバーガーショップは「ドムドム」なのです
が、こちらは残念ながら「典型的」ハンバーガーショップとは
認識されていないと思います。ブランドが典型性を持ちうるた

めには、頻度高く目撃される、よく経験されるなどの条件が必要になります。次に階層性です。階層性とはブランドのカテゴリーの中のブランドに上下関係が生じるということです。マクドナルドはハンバーガーショップの中では典型的です。でもコーヒーショップとしてはそうではありませんよね。スターバックスと比べると、マクドナルドはコーヒーショップとしては階層性が高くありません。しかし、マクドナルドは一時、コーヒーショップとしても自社の店舗を認識してもらおうとしてかなり努力していました。認知システムとしてブランドを定義することで、こうした典型性や階層性という概念が理解でき、実務にも役立つようになります。

ブランドは妄想であり、イマジネーションでもある

片山　もうひとつ、実務家として悩ましいのが、「ブランド」という言葉が持つ魔力と言いますか、ニュアンスなんです。私は「ブランド＝頭の中のイメージ」だけでもいいと思って使っていた時期もあるのですが失敗しました。本来「イメージ」という言葉にはプラスもマイナスもないフラットな言葉のはずですが、「ブランド＝イメージ」となると、Apple やスターバックス等のスーパースターブランドだけが持っている、「ものすごく良い、個性にあふれて差別化されたイメージ」「プレミアムなイメージ」が浮かんでしまうようです。そのため、差別化やプレミアムなイメージをつくることが、ブランドをつくることになってしまったのです。また、企業サイドがそのイメージ

を自由にコントロールできるような誤解も生まれがちでした。そこで「勝手なイメージ」、一言でいえば「妄想」という表現を今は使うようにしています。「ブランド」は生活者のものであること、凡人においては差別化やプレミアムを最初から目指してはいけないからです。

田中 それは非常に重要な視点です。ブランド戦略論の後に論文の形で発表していますが、私の言葉では、妄想というのは想像力とかイマジネーションと表現しています。何かというと「そこにないことを考える力」こそが「想像力」です。ここに白いエアコンという機械があったとして、エアコンだけを見ていても本来は何も想像できない。でも、「ダイキンのエアコンを使うと空気を快適にコントロールしてくれて、僕たちの生活が楽しくなるんだ」という想像が頭の中に巡らすことができるようになれば、それはつまりブランドができているということなんです。それがまさに想像力ということで、まさに妄想ということとほとんどイコールだと私は思います。アマゾンの創業者であるジェフ・ベゾスも、「ブランドとは、あなたがいないところであなたについて、誰かが語っていることだ」(Your brand is what people say about you when you' re not in the room) と言ったと伝えられています。それはまさに噂話、想像力、妄想なのですね。ここがすごく大事なところなんです。ブランドって確かに自然発生的な部分もありますが、やっぱりそこはブランドをつくる人たちがどういう連想をつけるのかを意図的にデザインしないといけないと思います。

片山 どんな連想・妄想をつくるのか、それをつくるための情

報をどうやって生活者に伝えるのかを一生懸命考えることこそがブランドづくりの一番頭を悩ますところではあります。一方で、ブランド実務家の腕の見せどころ、醍醐味だと思って取り組むことが必要ですね。

日本企業がブランドづくりを苦手な理由

片山 日本の企業は、ものづくりが得意で機能的価値が大好きです。そのため情緒的価値を高めることをうさんくさいと敬遠するきらいがあったりと、どうも日本企業においてはブランドづくりが苦手であるように思えてならないのです。

田中 妄想あるいはイマジネーションがブランドに必要なんだということが、日本企業ではあんまりよく理解されていないだろうなと思うんですね。外資系の企業になるとそういうブランドについての理解は80年代ぐらいからある意味当たり前だったんですよ。昔シャネルの人にブランドってどうやってつくっているんですかと聞いたんです。そうすると「ブランドのことをわかってる人だけを雇う」と言っていた。いちいち説明しなくていい人を採用する。ある意味でそういう人たち同士の間でもう一定の理解ができていて、ブランドをつくるなんて当たり前というところからスタートしています。そのあたりが日本企業との大きな違いです。とくに関西は、ブランドに対する風当たりが厳しいように感じます。

片山 この「ブランドをつくるなんて当たり前」ということを前提に置けるか、そうでないかは本当に重要なポイントです

ね。世の中のブランド論は、ブランドをつくるのは当たり前からスタートしている。関西に限らず日本のブランドづくりの担当者は「ブランドって何なん？そんなもんで売上が上がって儲かったら、苦労せぇへんわ」と言われ続けていると思います。もちろん、関西の方が厳しいでしょうね。それに対して世の中のブランド論は「何でブランドつくらないといけない？」の視点が弱いのです。答えらしきことが書いてはあるのですが、もともとブランドのことをわかっている人が書いているので、わかっていない人にはぜんぜん腹落ちしない。その結果「ブランドって何なん？そんなもんで儲かったら、苦労せぇへんわ」への答えがないことになる。ブランドに対して風当たりが強い日本企業において世の中のブランド論は使えない。これらはブランドのお手本となる外資系企業の人やブランドコンサルの方が書いています。第1章で「世の中のブランド論は、ブランドの力を信じる人々の特殊な世界で生まれたものです」と書きましたが、皆さんブランドのことをわかっている人です。ブランドと売上の説明は、本当に悩ましい。

田中　売上とブランドの関係はどうなっているのかということも少し説明しておきます。これはスポーツのボーリングに例えて考えてみたいのです。ボーリングの名手は、ピンだけを見てボールを投げてはダメだって言うんですね。ピンを倒すためにはどうしたらいいのかというと「スパット」を見て投げろと言います。レーンの中間あたりに刻んである、ボールが通るガイドのようなスパットを通すことによってピンがうまく効率的に倒れるのですね。僕はブランドというのはこのスパットみた

いなもんだと思っていて、スパットをうまく通さないと倒れるものも倒れない。だから売上上げろと言うと、「わかりましたじゃあ売上を上げます」と、お客さんのところに駆け寄って「買ってください」と熱心に詰め寄るのがベストなやり方なのかどうか。その前にスパットつまりブランドをつくっておけば、お客さんが自然に買う気になってくれる仕組みができるということです。ブランドというのは売上をつくるための一種の前提条件です。前提条件だということは、ブランドがあれば必ず売れることではないですね。でも前提条件なので、きちんとやれば売上には必ずつながるのです。

片山 そのほかにも、日本企業とブランドづくりとの相性が悪い理由はあるのでしょうか。

田中 日本企業でブランドづくりが難しいのは、マネジメント層がブランドで成功した経験を持って他社に移っていくケースが稀ですから、ブランドを生かすという発想が伝達される仕組みが生まれにくいこともあるのかもしれません。また、日本企業は「総合化」に意識が向かいがちという点もあります。総合商社は日本にしかありません。NECや富士通のようなかつての総合 IT も日本にしかありません。トヨタやパナソニックもそうなんです。もともとは何かの専門で立ち上がった企業が、どんどん総合商社のように総合化していくと、「らしさ」が自分たちでもわからなくなりがちです。またセグメンテーションという考え方が根付いていないこと。たとえばアメリカに比べれば、日本のマーケットは地理的にも小さいし、セグメンテーションの意識も生まれにくい。それから今かなり変化してはい

ますが、貧富の差もかつてはそれほど大きくなかった。日本全体が均質だったためセグメンテーションという考え方があまりない。アメリカでは、セグメンテーションが当たり前なんですよ。みんなに売るなんてできるわけがないからです。

片山 そういえば私も「みんなに買ってほしい」「嫌われたくない」とすぐに思ってしまいます。日本企業ではセグメンテーションを提案すると、「せっかく全部取れるのに、なぜわざわざ区切るのか？」「もっと拡げてたくさん取ろう」になりがちだというのは感じます。

田中 万人に買ってもらっているブランドは、実はほとんどないと考えていいと思います。たとえば、ラグジュアリー感でもボルボみたいなラグジュアリーもあれば、アウディ、メルセデス、レクサスもあるように、同じラグジュアリーでも異なったテイストを持った顧客グループが存在しているわけです。

片山 苦手な理由はよくわかったのですが、実務家としては「日本企業は苦手」だからどうしようもないではすまされません。世の中に良いものがあふれているのに、「良いものさえつくっていればそれでよい」と思考停止していては、もはや儲けることはできないですから。世の中には、「ブランドづくりは、企業・商品の価値を実力以上に良く見せるためのテクニック」と思っている人が多い。これは大間違いで、絶対にそうではないんです。私は、「ブランドづくりは企業・商品が本当に持っている価値を、正しく伝えるための本質的な活動」だという信念を持っています。だからこそ日本企業は、ものづくり・サービスづくりに力を注いで終わりではなく、せっかくいいものを

つくっているのだから、その価値をきちんと生活者に届けることに今まで以上に知恵を絞らないといけないと思っています。

田中　おっしゃる通りだと思います。社会が成熟していけばいくほど、人間の趣味嗜好はどんどん分かれていく。マーケティングの基本であるセグメンテーションを、デモグラフィックなセグメンテーションだけではなくて、嗜好だとか価値観で、セグメンテーションをきちんと行っていく必要性が高くなっていきます。そもそもブランドは生活者が何かを選ぶときに頼りとするものであり、企業の売上や企業価値といった本質にもインパクトを与えるものです。成熟化していく社会において、ブランドの果たす役割は本当に大きいのです。日本企業はブランドが想像力から生まれることを理解し、ブランドの持つ力がますます発揮される時代に立ち向かってほしいと思います。

田中洋（たなか・ひろし）

中央大学ビジネススクール教授。京都大学博士（経済学）。日本マーケティング学会会長、日本消費者行動研究学会会長などを務める。マーケティング論専攻。株式会社電通で21年実務を経験したのち、法政大学経営学部教授、コロンビア大学客員研究員などを経て現職。著書『ブランド戦略論』（2017年、有斐閣）など18冊の著書と93本の学術論文がある。『ブランド戦略論』では、日本マーケティング学会マーケティング本大賞、日本広告学会賞、中央大学学術研究奨励賞をトリプル受賞。多くのグローバル企業での講演・研修、また、東証一部上場企業の社外役員を務める。

日本における
ブランドづくりはいばらの道。
だからこそ
取り組む価値があります。

なぜ、こんな失敗をしてしまうのか？
28年かかってやっと気づいた原因

　世の中のブランド論は、あくまでApple やスターバックスなどの差別化された超一流のスーパースターブランドを前提としたブランド論です。一方で、私たちの企業や商品は競合する企業・商品との違いがほとんどありません。スーパースターではなく、素晴らしい特長や才能はそもそもない、凡人なのです。だから凡人には、スーパースター前提の教科書ブランド論ではなく、実務家ブランド論が必要だと考えました。

　そこで、大変失礼ながらフツウの企業や商品をあえて凡人に例え、凡人企業や凡人商品でブランドづくりに取り組む実務家のためのブランド論を順に説明してきました。

　私は教科書ブランド論の定義である「約束」が、間違っていると断言しています。
　それは、この定義が対談で田中先生が指摘されたように、「インプットを定義しているだけ」であり、凡人には使えないからです。
　そしてこの定義は、「スーパースターブランドやマーケティングが文化として根付いている外資系企業の中で、当たり前のように使っている定義」であることも問題と考えます。まさにブランドをわかっている人を前提にした、ブランドをわかっている人の世界の定義だからです。マーケティングやブランドづ

くりが苦手な日本企業で、この定義をそのまま使えるはずがありません。

　また、この定義の暗黙の前提になっているのが「消費財」であることも、日本企業の実務家が約束でうまくいかない理由です。「消費財」とは、つまり毎日のように消費する商品。生活において当然のように必要なものであり、一方で買ってみて失敗したところで大した問題ではない。それに対して日本のブランド実務家が扱うのは、機械や自動車等の「耐久消費財」や「企業そのもの」の場合も多い。日々の生活において、耐久消費財を買って失敗したら大問題になりますし、ブランドづくりの対象が消費財とは異なることでさらにこの定義を使いにくくしています。

　ドラッカーの書籍には、ソクラテスは「大工と話すときは、大工の言葉を使え」と説いたことを例にして、「コミュニケーションは受け手の言葉を使わなければ成立しない」と書かれています。

　日本企業でブランドづくりをするには、ブランドづくりが苦手な日本企業の人がいつも使っている言葉、わかる言葉を使わなければ成立しないのです。

　だからこそ私は、実務家のブランドの定義を「人の頭の中に自然に浮かんだ勝手なイメージ（妄想）」としました。正直ま

だまだ、日本企業でいつも使っている言葉にはなっていませんが、これは「約束」よりはわかる言葉ではないでしょうか。

　そしてこの定義は、ブランドをつくる側からの定義であることも、実務家ブランド論の独自性です。生活者からすれば、自分の頭の中にできたイメージを企業が勝手に「妄想」と決めつけるのは失礼に思うでしょうが、これは「生活者視点」の定義ではなく、「企業から見た定義」ということになります。実務家に必要なのは、企業視点つまり企業の中にいてブランドをつくる人の視点に立った定義です。
　まずはこの定義を使ってみてください。

　そして実務家ブランド論でブランドづくりに取り組んでいただければと思います。

　ただし注意してください。
　いかに実務家向けのブランド論だとしても、頭でわかっているだけでは、ブランドはつくれません。自動車を運転する方法を教科書で学び、頭で理解しただけでは、実際に車を上手に運転できないのと同じ。上手になるためには、実際に自動車に乗ってトレーニングするしかないのです。本書では私なりのブランド論を解説しました。しかし、企業や商品が置かれている状況は千差万別です。実務家ブランド論を使って自らの企業・商品のブランドづくりを実践する中で、あなたの企業・商品にとって最適なやり方に改良することが必要になります。

たとえば、今回紹介した「ブランドの階層図」は、企業ブランドや耐久消費財ブランドに最適な階層図であって、消費財には５段階では使いにくい。６段階にして「なんとなく好き」と「約束（愛）」の間に「好き」を入れた方がうまくいく場合が多いと思います。

　あなた自身が考えて、その企業・商品に適したやり方に改良していくことでしか、目指すブランドはつくれないのです。

　最後に、ブランドづくりを進める実務家の皆さんにお伝えしたいことがあります。

　それは今後、皆さんがブランドづくりを進めるにあたり必ず直面する課題と、実務家ブランド論を偉そうに語る私が、自社のブランド向上にまだ少ししか貢献できていない理由（言い訳）です。残念ながら、これらの課題は実務家がいくら努力しても完全に解決するものではありません。まずはこれらの課題があることをしっかりと認識した上で、実務家ブランド論を使って、あなたの企業・商品におけるベストな解決方法を模索し、ブランドづくりを進めていっていただきたいと思います。

1.「ブランド」は、中長期的に儲け続けるためにこそ
　役立つもの

　企業は儲からなければ、つまりは利益を上げ続けなければ、やがて倒産してしまいます。ですから当然のことながら、企業活動の一環として行われるブランドづくりの目的は、「儲ける

こと」です。もちろん、ブランドは「儲ける」ことに必ず役立ちます。ただ残念ながら短期的に「儲ける」手段は、ブランドより有効なものがたくさんあるのです。実はブランドは儲け"続ける"ことにこそ、最も役立つ手段といえます。現在の株式市場においては、「短期的に儲けること」と「中長期的に儲け続けること」を比べれば、「短期的に儲けること」が重要視されています。結果として、企業は「中長期的に儲け続ける（ブランドが貢献）」ことよりも、「短期的に儲ける（ブランド以外が貢献）」ことに力点を置きます。実務家が企業活動におけるブランドへの取り組みの優先順位をどうやって上げるかは難題です。

2．ブランドの測定や評価方法には限界がある

　ブランドづくりの重要性に表だって反対する人は少ないでしょう。実施することには総論賛成となります。しかし、ブランドづくりにどれだけ資源（人・モノ・金）を投入するかとなると話は変わってきます。会社の中で、ブランドづくりにお金を使おうとすると、「ブランドができることでどれくらい儲かるのか」と問われます。それが測定できないと、いくらお金を使うべきなのかが会社として判断できません。

　世の中には、ブランドの測定や評価方法は多く存在します。でも、誰もが納得してくれる「どれくらい儲かるのか」について、誰もが納得する測定・評価方法は存在しません。

　短期的な儲けに対する評価方法として、たとえばあなたの商品と競合の商品との価格差を活用し、ブランドがどれだけ機能

しているかを評価する方法はあります。しかしながら、企業の
ブランドにおいて重要な、中長期的な儲けにどれくらいつなが
るか（事業活動に貢献）を測定するのは非常に難しい。

　それゆえ、ブランドづくりに投下した予算がどれくらい効果
的に使われたのかを測定するのも難しいのです。ブランド（頭
の中のイメージ）の価値が1年間で増えたとして、それがこの
1年間にブランドづくりに投資したお金に対して見合うのかは
わからない。たとえば、ブランドづくりに1億円を投資し、そ
の商品を前年より「なんとなく好き」になった人が増えたり、
「競合よりも500円高く買ってもよい」という人が増えたとし
ます。しかし、それが本来10億円かけないと実現できなかっ
たことを1億円で効率的にできたのか、1000万円でできるこ
とに1億円もかかったのかはわかりません。

　ブランド価値を調査する方法としては、頭の中のイメージを
測定する認知度、連想、知覚品質、次回購買意向等もありま
す。また、財務情報をもとに独自の計算方式を用いて、ブラン
ドの価値を金額換算するやり方もあります。ブランド実務家
は、一長一短ある世の中の価値測定方法の中から、その企業に
おいて少しでも納得性の高い方法を組み合わせて使うしかあり
ません。

3．ブランド論の守備範囲以外の方法でブランド価値は高まる

　私が担当しているダイキン工業のブランド価値は、世界最大
のブランディング会社であるインターブランド社の調査におい
て、日本のグローバル企業の中で28位と非常に高く評価され

ていると紹介しました。私は、その大きな理由は「優れた経営者のもと、よい製品をつくり、強い営業力・サービス力を持つから」であると考えています。つまり、優れた製品づくり、巧みな企業買収によっても、ブランドの価値は高まります。ブランド論で説明されていることだけが、ブランド価値を上げることに貢献するわけではないのです。私も含めて、ブランド実務家の多くはマーケティング担当や広告担当ですが、われわれ実務家の手の届かない部分の企業活動で、ブランド価値が上がる場合も多くあります。ダイキン工業の場合は、私が日夜頑張っている「なんとなく好き」なブランドをつくる活動も少しは貢献していると実際に信じてはいますが、それ以上に世の中の課題を解決する優れた商品開発や、商品をしっかりと販売する強い営業力とそれを支えるサービスの力、これらを生み出す経営力がブランド価値を高めることに、より貢献しているのです。ブランドの実務家が、ブランドづくりに貢献できる範囲には限界があることもきちんと認識する必要があります。

日本企業は本質的にブランドが苦手！

　日本企業における実務家のブランドづくりはいばらの道です。なぜなら、日本企業は本質的に、ブランドづくりが苦手だから。

　日本が戦後の高度成長を成し遂げたのは、モノづくりの力があってこそ。品質を大切にし、良い製品をつくることにすべての力を注ぎました。「製品やサービスの質を高めることが正し

く、素晴らしいことである」という価値観で一生懸命に頑張って、日本は成長しました。

　モノづくりの力とは、すなわち機能性を高める力のこと（高性能なものをつくること）です。それは日本人の強みであり、誇りであり、日本人の国民性です。日本では『良いもの』さえつくれば売れる時代が長くありました。その成功体験が、ブランドづくりをいばらの道にしているのです。

ものづくり日本の良さ、本来の価値を伝えるのが、実務家によるブランドづくり

　機能的な価値で差がつきにくい現代においては、「機能的価値よりも情緒的な価値が圧倒的に重要」になってきています。それなのに「機能的価値」だけでモノが売れた高度成長期の価値観はなかなか変わりません。「機能的価値」が商品の素晴らしさを数字や言葉で論理的に、きちんと説明できるのに対して、「情緒的価値」は数字や言葉で説明できない、ふわふわした価値なのでなかなか理解されにくいのです。

　それだけではなく「情緒的価値」をつくるブランドづくりとは、極論すれば、「価値のないものをイメージでごまかすちょっと卑怯な手法」との認識すら残っています。

　ブランドづくりの目的は、儲けるため。正確にいえば、儲けを最大化する、すなわち儲け続けることです。その企業や商品が本来持っている価値であるにもかかわらず、機能的な説明だ

けでは絶対に伝わらない部分を、情緒的な価値として伝えブランドをつくることで、儲け続けることができます。

　言い換えれば、ブランドづくりとは、「その企業や商品が本来持っているもの」を「価値として正当に認識してもらう」取り組みです。

「価値のないものをイメージでごまかす」こと、「持っている価値を実態以上に期待させる」ことでは、決してありません。そして、そのために絶対的に必要なのが、「企業や商品自体が良いものである」ことなのです。仮に良くない企業・つまらない商品であるならば、実務家ブランド論の方法論を使ったとしても、「なんとなく好きな」ブランドをつくり、「儲け続けること」は不可能です。

　しかし一方で、世の中に良いものがあふれているのに、「うちの企業や商品は良いものだ。良いものさえつくっていればそれでよい」と思考停止していては、もはや儲けることはできません。ブランドづくりは、企業・商品の価値を実力以上に良く見せるためのテクニックではなく、企業・商品が本当に持っている価値を、正しく伝えるための本質的な活動です。ものづくり・サービスづくりに力を注いで終わりではなく、その価値をきちんと生活者に届けることに今まで以上に知恵を絞り、汗をかかなければなりません。

　日本には、素晴らしい企業・良い商品やサービスがあるのに、いまだに「機能的価値」のみを追い求めていることが多

い。そのことが本当に残念でなりません。ブランドの実務家が、ブランドづくりに貢献できる範囲には限界があることを認識することは必要ですが、「本来持っている価値」を「情緒的な価値」として生活者に認識してもらう「本当のブランドづくり」は、重要かつ必要な、本当に価値ある仕事だと私は確信しています。

　私がブランドづくりに取り組みはじめた当初、私自身も情緒的価値に懐疑的だったことや、"教科書ブランド論"を振り回して社内の理解が得られなかったこともあって、「ブランドなんか大嫌いなブランド担当者」でした。33年経って情緒的価値の本当の重要性を理解できるようになった今、やっと「ブランドがなんとなく好きなブランド担当者」になれました。
　この本を読んでいただくことで、ブランドづくりにかかわる皆さんが、「ビジネスの現場で本当に使えるブランドのつくり方」を理解し、これを活用することで私のような多くの失敗や無駄な回り道をせずに「皆さんの企業や商品の本来の価値を伝える」ことができるようになる。皆さんのブランドづくりがうまくいくことや、ちょっとおおげさですが日本の素晴らしい企業や商品が本来の輝きをとりもどすことの一助となれば、こんなにうれしいことはありません。

謝辞

　この本は、『AdverTimes』で連載していた「ブランドなんか大嫌いなブランド担当者が33年かかって、たどり着いたブランド論」に大幅に加筆修正して書籍化したものです。連載を推してくださった「宣伝会議」の谷口優編集長、書籍編集の上条慎さん、篠崎日向子さんに感謝申し上げます。

　正直、連載を始めるまでは文章を書くことがこれほど難しいとは思っていませんでした。なんとかここまで書き上げることができたのは、ひとえに家族のサポートのおかげです。毎回締切までになかなか原稿ができず、もう投げ出したいと思ってしまったこともあったのですが、連載が掲載されると毎回離れて暮らしている娘の真衣がLINEで反応してくれるのが本当にうれしくて気持ちを奮い立たせることができました。

　そして何より、共同執筆者ともいえる妻の池田久美子と息子の大輝の協力なしではこの本は絶対に完成しませんでした。私の元原稿は、「言いたいことがいっぱいで整理しきれていない」「主語がない文章がある」「主語と述語が一致していない」等で非常にわかりにくい。そこで二人には私の原稿の修正と推敲に毎回つきあってもらいました。まず妻が元原稿を原型をとどめないくらい真っ赤に添削してくれる。これを直して自信満々に息子に見せると、私の中で整理ができていなくてなんとなくごまかしていた部分の論理矛盾を必ず指摘される。また書き直して添削してもらって、指摘されての過程を何度も何度も繰り返

しました。

　連載が始まってから書籍化まで、休日はほとんど原稿を書いていました。執筆を最優先させてくれただけでなく、休日の多くの時間を割いて原稿の添削、チェックをしてくれた妻と息子に一番感謝をしております。

　そもそも、私が本を好きになったのは、母のおかげでした。本だけは好きなだけ買ってくれました。また原稿を書くときに常に側においていた『類語大辞典』は、父が亡くなる少し前に「いずれ役に立つから」と贈ってくれたものです。このような本を書くことができる土台をつくってくれたのは両親だったとしみじみと思い、感謝する次第です。

　わかりやすさ優先とはいえ「世の中のブランド論は机上の空論であり、教科書ブランド論ではブランドはつくれない」などと無礼な主張をする私との対談を「実務家が苦労してきた内容とその解決方法をマーケターの方々と共有することはとても有用」と快諾いただいた田中洋教授に心より感謝申し上げます。さらには本の帯に推薦のお言葉までいただきました。誠にありがたく、あらためて御礼申し上げます。

　最後になりましたが、この本を謝辞まで読んでいただいた読者の皆様に感謝をお伝えし、結びとさせていただきます。本当にありがとうございました。

片山義丈

◎著者

片山義丈（かたやま・よしたけ）

ダイキン工業株式会社　総務部　広告宣伝グループ長
1988年ダイキン工業入社、総務部宣伝課、1996年広報部、
2000年広告宣伝・WEB担当課長を経て、2007年より現職。業
界売上第5位のダイキンのルームエアコンを一躍トップに押し上
げた新ブランド「うるるとさらら」の導入、ゆるキャラ「ぴちょんくん」
ブームに携わる。統合型マーケティングコミュニケーションによる
企業ブランドと商品ブランド構築、広告メディア購入、グローバル
グループWEBサイト統括を担当。　ブランディングの取り組みは
インターブランドジャパン『Japan Branding Awards』や公益
社団法人 日本パブリックリレーションズ協会『PRアワードグラン
プリ』のグランプリをはじめ多くの賞を受賞。日本広告学会員。

実務家ブランド論

発行日	2021年 9月14日	初版第一刷発行
	2021年10月 4日	第二刷発行

発行者	東 彦弥
発行所	株式会社宣伝会議
	〒107-8550 東京都港区南青山3-11-13
	TEL.03-3475-3010（代表）
	https://www.sendenkaigi.com
印刷・製本	三松堂印刷

ISBN 978-4-88335-527-3

パーパス・ブランディング
～「何をやるか？」ではなく「なぜやるか？」から考える

齊藤三希子 著

ブランド・コンサルティングの第一人者が伝授する、日本企業が実践できる「パーパス・ブランディング」の教科書。企業経営の本質である「パーパス」を社外・社内へといかに浸透させるかを、国内外の事例とともに解説する。スターバックスコーヒージャパン 水口貴文社長インタビューを収録。

■定価：1980円（本体＋税）　ISBN 978-4-88335-520-4

メディアを動かす広報術

松林薫 著

広報担当者になったら知っておきたいのが、「記者の行動原理」。記者はどのように情報をとらえ、どのように記事化に動くのか──。本書では、元・日経新聞記者である著者が、プレスリリースの作り方から取材対応、リスク対応など広報全般にわたり、記者とのコミュニケーションの築き方、関係のつくり方、さらにはこれからの広報の在り方までを指南する。

■定価：1980円（本体＋税）　ISBN 978-4-88335-523-5

デジノグラフィ
インサイト発見のためのビッグデータ分析

博報堂生活総合研究所 著

「デジノグラフィ」とは、デジタル空間上のビッグデータをエスノグラフィの視点で分析し、生活者の見えざる価値観や欲求を発見するデータ分析の新手法。本書では、デジノグラフィによって明らかになった、生活者の隠れた実態やインサイトの数々を紹介すると共に、生活者の欲求や変化を読み解く独自の手法とノウハウを、誰もが活用できる「10の技法」として公開する。

■定価：2035円（本体＋税）　ISBN 978-4-88335-510-5

なぜ「戦略」で差がつくのか。
戦略思考でマーケティングは強くなる

音部大輔 著

経営戦略、マーケティング戦略、広告戦略、営業戦略……。意味や解釈が曖昧なまま多用されがちな「戦略」という言葉を定義づけ、実践的な思考の道具として使えるようまとめた一冊。P&G、ユニリーバ、資生堂などでマーケティング部門を指揮・育成してきた著者が、ビジネスの現場で戦略を使いこなす方法について指南する。

■定価：1980円（本体＋税）　ISBN 978-4-88335-398-9